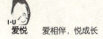

爱悦　爱相伴，悦成长

U0629446

好父母就该这样陪孩子写作业

汪圆圆◎著

天津出版传媒集团

天津科学技术出版社

图书在版编目（CIP）数据

好父母系列：好父母就该这样陪孩子写作业 / 汪圆
圆著. -- 天津：天津科学技术出版社, 2019.11（2021.5重印）

ISBN 978-7-5576-7067-2

Ⅰ.①好… Ⅱ.①汪… Ⅲ.①学习方法－家庭教育

Ⅳ.①G791②G78

中国版本图书馆CIP数据核字(2019)第193811号

好父母系列：好父母就该这样陪孩子写作业

HAO FUMU XILIE: HAO FUMU JIU GAI ZHEYANG PEI HAIZI XIE ZUOYE

责任编辑：刘　颖

出　　版： 天津出版传媒集团
　　　　　 天津科学技术出版社

地　　址：天津市西康路35号

邮　　编：300051

电　　话：（022）23332372

网　　址：www.tjkjcbs.com.cn

发　　行：新华书店经销

印　　刷：天津印艺通制版印刷股份有限公司

开本 880×1230　1/32　印张 6.125　字数 100 000

2021年5月第1版第2次印刷

定价：59.00元

陪孩子写作业要用对方法

"望子成龙，望女成凤"是中国大部分家长的心愿，因为在他们的年代并没有那么好的教育条件去接受好的教育，因此他们特别重视孩子的学习。

怎么样才算重视呢？

除了给孩子报各种兴趣班、培训班外，还体现在陪孩子写作业这件事情上。

不少家长表示，陪孩子写作业比去西天取经还难，看着孩子磨磨蹭蹭半天写不好作业就气得胃疼。孩子要么就潦草做完，应付老师，要么就不能按时完成作业。

我对女儿小妖完全没有要求，更谈不上什么家教家风。因此她小时候写作业，我基本不管，只是告诉她自己的事情自己负责。在这样宽松自由的环境下，小妖靠自己的努力考上了澳洲的大学。

因此,当朋友问我:"陪孩子写作业真的这么难吗?你是怎么教育你家小妖的?"我真的不知道怎么回答。

陪孩子写作业过程中出现的问题,相信很多家长都遇到过或者正在发愁该怎么办。我将遇到的问题和解决的途径进行总结并得出一套切实可行的方法,将其写给更多的家长,这就是我策划这本《好父母就该这样陪孩子写作业》的原因。

本书作者汪圆圆不仅是经验丰富的家庭教育导师,而且还是儿童青少年学习力教练。她创立的360°幸福高效能家庭幸福力教练系统,为许多家长解决了家庭教育问题。

想要孩子听从父母的意见,良好的亲子关系是必不可少的。为什么孩子不愿意做作业,甚至采用不正当的手法逃避做作业?

汪圆圆认为,陪孩子写作业不难,难的是找对方法。

这本书可教会父母陪伴孩子写作业的正确方法,纠正很多父母在教导孩子做作业时都会犯的错误,化解因为写作业家长与孩子产生的矛盾。

如果你想让孩子更主动地学习,更主动地完成作业,那么我希望你认真阅读这本书,并且根据书中的方法执行。

徐宏丽 出版策划

微信号:56469651

资深出版人,策划出版多部畅销书,著有《如何出版一本书》

正确地陪孩子写作业，父母更轻松

一提到陪孩子写作业，许多家长就抱怨不停，我们甚至能在网上看到一些"家长陪孩子写作业气到心梗"的新闻。

陪孩子写作业，真的有那么可怕吗？

我在做家庭教育指导的过程中，也遇到过不少父母有这样的困扰。平时孩子还算乖巧，一到写作业就能把人气死。要么就是拖拖拉拉不肯写，要么就是字迹潦草敷衍了事。看到这样的作业，家长就觉得自己辛辛苦苦供孩子上学，没有得到应有的回报。有时做家长的甚至就想着干脆让孩子自暴自弃算了，可又舍不得。

可惜家长操碎了心，吼破了喉咙，牺牲了自身的时间陪孩子写作业，孩子依旧不为所动。有时家长说得多了，教训得多了，孩子反而更加厌烦学习，更不想写作业，甚至还会与家长发生争吵，让气氛变得更僵。

其实，只要掌握正确的方法，父母不仅可以轻轻松松地陪孩子完成作业，还可以改善亲子关系。

在这本《好父母就该这样陪孩子写作业》中，我们针对孩子写作业马虎、不主动、容易出错等不良情况，一一对应给出了解决办法，告知父母该如何陪伴孩子做作业。

家长们并不需要对孩子大吼大叫，也不需要牺牲自己的时间，全程紧盯着孩子的作业本。本书从建立良好的亲子关系说起，教家长们制订规则，让孩子主动、积极、认真地写作业，并且养成良好的学习习惯。

如果你不想再为孩子写作业的问题而烦恼，那么你就应该好好跟着本书学习正确的教育方法，当一个轻松、愉快、有智慧的家长。

汪圆圆

目录
CONTENTS

第三章 孩子不愿写作业怎么办？

第三章 孩子不愿写作业怎么办？

第五章　处理作业中的错题很重要

第六章　父母要不断提升辅导质量

第七章 不吼不叫陪孩子写完作业

附录　陪孩子一块儿成长

第一章

如何培养良好的亲子关系

　　父母总担心孩子没有完成好老师布置的作业，所以会催促孩子去做作业，阻止孩子进行做作业以外的其他活动。

　　这些行为只会让孩子更加不愿意完成作业。所以，良好的亲子关系是辅助孩子写好作业的前提。

　　那如何培养良好的亲子关系呢？

树立正确的家教观念

家教是学校教育和社会教育的基础，是不可取代的。要想让家教有成果，就必须掌握正确的家教方法。

对孩子不能只有爱，只爱不严厉就成了溺爱，溺爱给孩子带来的是毁灭。

爱护孩子是每个父母的本能，教育好孩子则是一件伟大的事情。

1.良好的亲子关系是家庭教育的基础

亲子关系是孩子成长过程中人际关系的一个重要部分，它影响着孩子将来会形成什么层次的人际关系，也影响着他们的身心健康。

家教以亲子关系为中心，孩子年幼时的亲子关系不仅直接影响孩子的成长，而且会影响家庭其他成员的关系以及家庭的幸福程度，最终都会成为影响社会发展的因素！

家教的质量与亲子关系有莫大的关系。要想建立良好的亲子关系，就必须加强亲子间的沟通与交流，形成亲子间的相互理解和信任。

建立起良好的亲子关系后，父母和孩子之间应该通过保持一定的沟通时间来维持这种关系。因为人与人之间的亲密程度是由他们之间的沟通时间的长短来决定的，要想形成亲密的关系，就必须用更多的时间进行沟通。

父母不能以工作繁忙或者孩子需要学习，怕影响孩子做作业等理由减少与孩子沟通交流的时间。因为只有沟通交流才能相互了解和理解，有理解信任基础的亲子关系，才可能发展成一种良好的亲子关系。

亲子之间要做到尊重对方，换位思考，尽量消除因年龄差异出现的代沟。

有研究发现，孩子情感方面知识的缺少，多半是因为父母的情绪没有控制好或者心理不健康所造成的，导致亲子间的关系出现问题。

由于社会竞争越来越激烈，背负着强大压力的父母往往容易把负能量传递给孩子和亲人。

孩子慢慢开始具有独立的思维，情绪也随之变得偏激，所以会十分抗拒父母的管教。他们想独立的想法容易造成亲子矛盾冲突，使亲子关系僵硬化。

当孩子反抗父母、顶撞父母或者做出让父母愤怒的举动时，父母就会控制不住自己的情绪，训斥孩子甚至对孩子实施暴力,这在很大程度上伤害了孩子的身心。

所以,父母要学习控制好自己的情绪,对孩子的教育不能一味地使用陈旧的方法,因为时代在进步,方法也要进步。

在维持良好的亲子关系上,父母起到关键的作用,但也要尊重孩子的立场。父母是成年人,是孩子的监护人,所以父母要提高自身的综合素质。

亲子关系是相互的,父母与孩子的态度和行为都会相互影响。父母要明白亲子关系在家教中起着重要的作用,要为孩子的健康成长提供优质的家庭环境。

2.父母是孩子的榜样

父母是孩子的第一任老师。父母与孩子的直系亲子关系,决定了父母的喜怒哀乐都会影响到孩子。父母对某件事做决定的态度,也会让孩子对父母的态度产生深刻的印象。所以父母是怎样的,孩子就是怎样的。

如果父母一碰到困难就退缩,态度消极,那么,久而久之,孩子也会变得消极。所以父母在对待挫折时也要用积极的态度,这样不仅更加容易成功,而且能给孩子带来良好的教育,使其成为一个积极乐观的人。

3.好的家庭都有好的习惯

俗话说"三岁定八十",一个人的习惯是从幼年开始养成的。从小养成的良好习惯会影响一个人的成长，并在关键时刻起到巨大的作用。

好的习惯能改变人的一生，所以培养孩子的好习惯就要从小开始，让孩子将来有一个美好的人生。

好的习惯是人的宝藏，那么，父母应该从哪些方面培养孩子的好习惯呢？培养孩子可以从学习、生活、处事等方面着手。

比如做人要诚实、懂得尊重人、有担当等，父母在培养孩子养成一种好习惯的时候，态度必须要坚决，不可有动摇。因为养成习惯是需要一段时间的，在这个过程中存在着很多不稳定的因素，所以稍微有所动摇就可能前功尽弃。

研究发现，一件事情连续重复做一个月以上，才会初步形成一种习惯，往后还要多加重复，才能真正地养成习惯。

所以，在真正地养成习惯之前，一定不可以松懈。

父母要花更多的时间教育孩子，培养孩子养成好的习惯，还要根据时代的发展更新教育理念，给孩子创造好的环境，使其健康成长。

父母要倾听孩子说话

人与人之间的联系是通过沟通来完成的，父母与孩子之间也是一样，不仅需要沟通，还需要懂得倾听。可是，由于社会的发展，许多父母往往会因为工作等各种原因，并没有与孩子进行有效的沟通和交流，只是一味地给予他们物质上的需求。

随着时代的进步，孩子们的生理和心理的成长速度也在不断的加快，这就导致父母与孩子之间存在的代沟越来越大，矛盾越来越多。很多孩子表示，自己没有办法和父母沟通，觉得与父母没有共同话题，甚至一说话就争吵。

为什么会出现这种情况呢？孩子难道是真的不想与父母沟通吗？

其实是因为传统思想的根深蒂固，在孩子的眼中父母的话就是命令，必须要遵守。很多父母常常把自己的意愿强加给孩子，并不会询问孩子的真实想法，这就会培养出两种极端性格的孩子，即绝对服从的孩子和一直抵抗的孩子。

孩子和父母一样，也是独立的个体，随着年龄的增长，孩子也会有自己的想法和愿望，更多的时候他们希望将这些想法表达出来，并希望能得到父母的认同，或者与父母进行讨论。

所以父母要懂得倾听孩子说话，当孩子与你沟通时，不要随意打断或否定孩子，因为这样很容易伤害孩子的自尊心，使孩子不再愿意与你交流，甚至会有极端的想法。

同时，不要怒斥和质疑孩子，也不要用金钱贿赂孩子。金钱确实在一定程度上可以调动孩子学习的积极性，但是也会带来负面的影响。

虽然父母的出发点是好的，但这样会培养孩子的不良性格，最后得不偿失。所以，相对于金钱，父母应该花更多的精力与孩子沟通，倾听孩子的想法。

很多父母感觉孩子长大后就不像年幼时那么听话了，而且经常与自己争吵，做什么事也不喜欢和父母商量。

其实这是正常现象，孩子不光是年龄会增长，思想也会越来越成熟，所以就会对父母的说教产生抵抗，不希望父母过多干涉他们，同时拥有自己的隐私。

父母要想与孩子有良好的沟通，需要做到以下几点。

1. 愿意花时间

大多数父母都觉得自己最大的任务就是赚钱养家，给孩子提供优质的生活。可是事实并非如此。孩子最需要的是家长能与自己成为"朋友"。而成为朋友的前提，就是父母要用更多的时间与孩子交流，不能只顾着做自己的事情。

父母平时可以多和孩子在一起聊天、看电视、做游戏等，从而创造愉悦的氛围，使交流更加容易。

相反，那些整天为了忙工作，连和孩子吃饭都没有时间的父母，就不要指望孩子能和你有过多的交流了。

2.跟孩子沟通要有方法

沟通并不是"孩子，我有话想跟你说"，也不是"大人说话，小孩子不要随便打断"。如果父母以这样的方式跟孩子说话，那么孩子一定不会愿意和你交流，甚至还会反感。

因此，父母与孩子谈心要讲究方法，即可以采用讲故事的方式，让孩子从故事中领悟道理，这样做会比直接教导更加有效。

3.父母不要讲太多的"教育话"

孩子每天都要接受学校的知识，老师的教导已经让他很疲惫了，如果回到家里，还要面对父母各种的"教育话"，那么孩子必然会产生抵抗情绪。

所以，父母与孩子沟通时，话语不能过多，不能过于强硬，要用最简练的话语进行表达。

4.父母要经常鼓励孩子，而不是指责

现在社会各行各业竞争都很激烈，父母都希望自己的孩子是完美的，所以对孩子的要求会特别高。

所以，父母对孩子往往是指责多于鼓励，用孩子的缺点和别人家孩子的优点比较，或者拿自己的经历来比较等。

父母想通过比较让孩子明白自身的问题，可是这样做往往起不到效果，相反，过多的指责只会让孩子不自信，否定自己的能力。

父母应该多鼓励孩子，让孩子始终保持乐观的心态。

5.父母需要多了解孩子的内心

父母在教育孩子的过程中，会遇到各种各样的问题。所以父母可以多学习、查阅一些有关孩子教育、心理方面的资料，通过这些资料去了解孩子的身心发展，从而使对孩子的教育更加有效、方向更加明确。

前文提及，父母需要倾听孩子说话，才能更好地了解孩子的内心世界。如果父母只站在自己的角度，不顾及孩子的感受，那么孩子一定会感到失落。

倾听孩子说话、耐心回答孩子的问题，也可以促进亲子关系，让孩子更有安全感。

父母应认真倾听孩子说话并提出建议，切忌只从自身角

度去判断孩子的想法和意见。

父母还要尊重孩子,有一些父母总喜欢拿自己家的孩子与其他同龄人比较,总把"别人家的孩子"挂在嘴边。

孩子并不希望父母总当着外人的面说自己的不是或者自己的缺点。

当孩子犯了错误,父母要和孩子进行私下沟通。

父母要用心地去了解孩子的内心需求,只有这样,孩子才更加地愿意和父母在更多方面进行沟通,表达自己的真实想法。

很多父母在解决自己的工作问题时总能想出最佳的方案,但面对自己孩子的教育问题时却完全找不到头绪。他们总觉得为孩子付出了很多,但孩子并不理解。

每个父母都爱自己的孩子,但他们很多时候只从自己的角度出发,觉得孩子需要什么就给予什么,而不是去了解孩子真正的需求,导致父母总觉得已经把最好的给予了孩子,但孩子并不领情。

其实,随着孩子的成长,他们更需要的是父母的陪伴以及精神与心灵的支持。而倾听孩子说话,正是从心灵出发,最直接地了解孩子真正的需求。所以在父母教育孩子的过程中,听比说更重要。

希望那些没有倾听孩子说话的父母，从今以后养成这个习惯，每天抽出一定时间倾听孩子说话，了解孩子的内心想法，这样时间长了，你就会发现和孩子培养感情并不是一件困难的事情。

家庭教育的前提是要有良好的亲子关系，父母与孩子有良好的关系胜过父母没日没夜的口头教育。那么，建立良好的亲子关系的前提就是学会倾听孩子的内心之声。

与孩子聊天需要技巧

很多父母都会抱怨：孩子不喜欢和自己交流，不是"一问三不知"，就是与自己有冲突。

可是了解了真实情况之后你会发现，其实这些父母根本不懂得如何和孩子交流，他们跟孩子之间的对话都是："作业完成了吗？""书看完了吗？""这次考试成绩如何？"

和孩子交流需要技巧，而这些技巧一点都不难做到。

1.从小细节开始问起

孩子的思维没有那么复杂，所以有些问题他不知如何回答。因此，在跟孩子交流时，要从小细节入手，即问一些很简单、有确定答案的问题。

不要问"你今天在学校做了什么？"这种问题，孩子不知道要回答什么，最多就会说一句"没做什么。"这样就会把天"聊死"，没办法再互动。

父母可以问"你今天在学校上了什么课呢？"当孩子说出数学、英语、体育的时候，你就可以接着问"那今天数学课讲了什么呢？"孩子就会接着回答你的问题"讲加法减法，有点难，听不懂！""这样啊，那体育课会不会好玩点……"这样你就会一直有话题和孩子交流。

也可以问一些其他的事"你今天有和同学去打篮球吗？""班上有打篮球厉害的同学吗？"这些问题孩子也都很乐意跟你分享，这样你们的交谈就变得容易多了。

2.先不要着急否定孩子的行为

一般情况下，父母在与孩子交谈时，只要感觉到孩子的观点或行为有错误，就会立即否定孩子。

比如，孩子说"一点儿都不喜欢数学课"的时候，父母很自然地说"数学是很重要的科目，你要好好学……"当父母这么回答时，可能谈话就无法继续下去了。

因为当孩子觉得你并不认同他，甚至指责他时，他就不会再去和你交谈了。

父母可以问"为什么你不喜欢数学课呢？"

孩子就会回答"数学比较难，很枯燥，很难明白……"

先去了解孩子的感受，先按他的思路走，再尝试给他提出建议，然后帮助他解决面临的困难。

3.和孩子聊天不要"说教"

和孩子聊天，父母很容易变成说教，让聊天的氛围变得很僵硬。

比如，孩子说："妈，今天小明和我吵架了。"

"这是为什么呢？"

"因为我要玩小火车，他不让我玩。"

"那你是如何做的？"

"我就去玩别的了。"

"你怎么不去告诉老师呢？我不是和你说过吗，遇到问题你要去找老师帮忙，你也可以跟小明说，这些玩具大家都可以一起玩的，妈妈不是教过你吗？"

如果父母是这样与孩子聊天的，那么孩子听完后一定会马上走开，不再多说一句话。

其实父母可以这样询问："他不让你玩，你会不会觉得很难过呢？"

这时，你就会听到孩子真正的想法："没事，我可以先玩别的玩具，等一下再玩小火车。"

4.肢体语言也是一种很好的表达

想让孩子觉得你对他很重视，除了口头表达之外，肢体语言也是一种很好的表达方式。和孩子聊天时，尽量和孩子保持在一个高度，不要让孩子仰视你。

如果孩子年纪还比较小，那就蹲下来看着他和他沟通，如果孩子比较大了，那就可以一起坐在沙发上，相互对视。因为眼睛看着对方、认真倾听，对方就觉得你很在乎他。

孩子很在意父母的肢体语言，如果父母和孩子聊天，只会用"好""可以""嗯"这种敷衍的词语回答，那么就会让孩子十分不舒服，觉得自己不被父母尊重。

另外，孩子很喜欢父母和自己有亲密的接触。在聊天的过程中，你可以去摸一下孩子的头，把手放在孩子的肩膀上，这样就会让孩子觉得父母对自己很重视，孩子自然而然就会想和父母有更多的沟通。

所以，肢体语言也是一种很好的表达。

5.教育目的太强

很多父母跟孩子聊天时，都会变成教育孩子。

父母："今天在学校有没有学到新知识？"

孩子："有，学到了很多。"

父母："学到了就对了，要学更多的新知识才可以，长大也能有好的工作。"

孩子："……"

父母："今天和朋友玩得开心吗？"

孩子："非常开心，我觉得和他很有默契。"

父母："开心就好，但是要注意不能整天顾着玩，要先把学习的事做好。"

孩子："……"

父母聊什么都能扯到学习上，孩子本来很愉悦地想跟你分享他所经历的事，却被你不停地泼冷水，自然就打消了想与你分享学校生活的念头。

其实，父母这种"一厢情愿"地将自己的理念灌输给孩子的做法，就是想让孩子重视学习。

而这种表达方式并不需要父母去组织语言，或者倾听孩子的想法。所以，这样的聊天方式所达到的效果可想而知。

6.像问"下属"一样审问孩子的情况

几乎所有的父母都关心孩子在学校的表现，但其中很多父母都会像问"下属"一样地问孩子。就像是一个固定模式一样,久而久之,孩子的回答也会变得很官方:"没什么,挺好的……"

从这种敷衍的回答中,父母根本无法了解孩子的真实情况。父母一直追问,孩子不但不会回答,反而会和父母发生冲突,产生矛盾,更别提和父母聊天了。

7.父母对孩子的问题很不耐烦

很多时候父母与孩子聊天都会表现得很不耐烦,而且还会对孩子提出疑问。

孩子:"妈妈,我有一件事想跟你说。"

妈妈(语气不耐烦):"说吧。"

孩子:"我想买一个篮球。"

妈妈:"为什么要买,你要好好学习,打什么篮球。"

孩子:"我就想买一个篮球。"

妈妈:"不行,你赶紧去学习,做作业!"

孩子:"……"

这样的对话只会引起孩子和父母之间的矛盾。为什么妈妈不愿意多问一下孩子买篮球的原因呢?比如:

妈妈:"为什么你要买篮球?"

孩子："因为我们学校有篮球比赛，我想去参加。"

妈妈："你对篮球很有兴趣吗？"

孩子："我很有兴趣！而且体育老师说我很有天赋。"

如果你愿意耐心地和孩子交流，你就能知道孩子更多的想法，孩子的兴趣爱好是什么。

在这种耐心的交流中，你也能从中找到很多和孩子相处的方法。

8.找合适的时间聊天

聊天不是你想聊孩子就一定会陪你聊的，比如孩子正在专心地玩玩具、玩游戏时，你突然想和孩子聊天。想象一下，换了你，你愿意被打扰吗？这种情况下，孩子通常只会敷衍几句。

所以，要选择在大家都空闲的时间聊天。如果父母真的有很紧急的事需要找孩子讨论，那就和孩子商量，先让孩子暂停手头的事再交流。

父母遇到问题时也可以跟孩子商量沟通，这样也能增进与孩子之间的感情。

第二章

纠正孩子写作业的坏习惯

　　孩子喜欢玩儿这是天性，而做作业本身就是一件很枯燥的事，所以孩子都不会喜欢写作业，甚至想方设法地不做作业。

6招让孩子认真地写作业

对于比较小的孩子来说，课后作业不会太多，老师都是根据孩子的实际情况安排作业的。

这种情况下还会有很多孩子不愿意做作业，就算坐在了书桌前打开了作业本，也是这里漏一题那里漏一题，根本不会好好写作业。

老师一天要批改几十名学生的作业，有时某个学生漏做一两道题老师也看不见。有些孩子就会抓住"机会"，偷工减料。

孩子一旦养成这种坏习惯，即做作业不认真，还总希望老师不要发现自己偷工减料，时间长了，就会在很大程度上影响孩子的学习成绩，还可能导致孩子成年以后做事马虎、不负责任。

但孩子并不会觉得，这种暂时的不好好写作业会影响到他的学习生涯，甚至有些孩子还会引以为傲，觉得自己与众不同。

这都是孩子学习态度的问题。孩子没有重视学习这件事,没有了解到学习能让自己有所成长,觉得学习不是为了自己,而是为了能不让老师和父母批评。

就是因为孩子没有正确地认识学习的重要性,所以才会出现做作业偷工减料、逃避作业的情况。

父母应该认识到孩子做作业偷工减料的根本原因,然后在平时做到以下几点。

1.允许第一次犯错

父母第一次发现孩子做作业有漏题时,先不要着急批评孩子,而是先问清楚原因,是因为题目太难不会,还是马虎遗漏了。

父母应该在了解孩子的真实情况的前提下,给孩子提供有效的帮助和引导,切忌发现孩子的这种错误就马上批评,因为这会让孩子心理不舒服,增加学习压力。

2.如果孩子是故意偷懒,父母就要有所提醒

父母如果发现孩子是故意做作业漏题,就要对孩子进行提醒,但是不能怒斥孩子,而是要和孩子讲道理。

比如,父母可以说:"你都已经用了这么多时间写完其他的作业了,这几道小题应该难不倒你,你说是吗?我们把这几道题认真做完,学到的东西可能更多,成绩就会更好。"

或者这样和孩子沟通："你今天只是偷懒了几分钟，但是如果明天老师发现了，那么老师一定会在批评之余罚你写更多遍，这样你就得不偿失了。"

这样的表达方式，既能让孩子接受，也能让孩子明白做作业偷懒、漏题的坏处，这样孩子就能知道自己做作业时要认真了。

3.父母要监督好孩子做作业

父母给孩子讲道理的同时，也要做好监督工作，因为年纪小的孩子都没有很好的自控能力，需要父母辅助。所以父母要重视孩子做作业这件事，做好监督。

当然，监督不是干涉，也不是责怪。孩子如果认真地做作业，父母也要给予相应的鼓励："今天写作业真认真，很好。"孩子听到父母的鼓励，会更有动力去完成作业，自然而然就不会有偷懒的情况发生。

还有，当孩子的作业量大，而且题目比较难的时候，他们也会想逃避作业。最直接的表现就是做作业漏题，遇到难一点的题目直接不做。

这时候父母就应该提醒孩子，如果不做会带来很多坏处，起到监督的作用，也可从旁鼓励孩子，让他有解决难题的动力。

4.要让孩子知道做作业是为了自己

大部分做作业漏题的孩子，他们都觉得写作业是为了父母和老师，只要不被他们发现就可以了，这样自己也轻松不少。这是导致孩子不认真对待作业的主要原因。

所以父母要纠正孩子的这种思想，即作业是否完成与父母和老师无关，只会影响他自己，让他的成绩下降，父母是没有损失的。要让孩子知道，做作业和自己之间有什么联系。

不过父母也不能太过严厉地告诉孩子不写作业有什么严重的后果，这样会加深孩子对作业的恐慌，父母要平和地和孩子说明。

如果孩子对此发出疑问，父母要耐心地为他解答，鼓励孩子为自己学习，不要被困难所打败，减少学习带来的负能量。

5.父母配合老师帮助孩子

要想让孩子避免这种陋习，父母还可以与老师一起给孩子提供帮助。孩子在家写作业时，父母要仔细观察，然后积极和老师沟通孩子的问题，商量应对的方法。

不过也要请老师不要当面严厉批评孩子，可以在孩子的作业本上写下激励的话语，孩子都是比较听老师的话。所以父母和老师配合，帮助孩子的效果会更好。

孩子写作业字迹潦草也是一种对学习不满的态度。父母如果发现就要立刻制止孩子的这种行为，因为这是非常不好的学习态度。

一个好的学习态度，会影响孩子的一生，一旦孩子在学习上出现了负面的情绪，那么想要改变是非常困难的，所以一旦发现就要及时地让孩子改正。

那么面对这种情况父母该如何做呢？

孩子写作业字迹潦草，有的是因为想快点完成作业，可以去玩；有的可能是因为作业量太多；有的可能就是学习态度不好。

不管是哪种原因引起的，父母都要制止，让孩子自己明白写好作业的重要性。

孩子都不喜欢父母拿其他同龄孩子与自己做比较，所以父母不要拿别的孩子的优秀作业和自己孩子的作业进行比较。这只会让孩子对做作业更加反感。

父母可以拿孩子以前认真写作业的本子和现在潦草的本子进行对比，让孩子意识到自己出现的问题。

父母可以要求孩子把潦草的作业重写一遍，态度也要强硬，不能因为孩子撒娇，或者说下一次不会这样了就对孩子心软。

父母要直接告诉孩子，写作业是绝对不可以潦草应付的，应该让孩子按照作业的要求，工工整整地重写一遍，再有潦草就继续重写，直到认真完成作业为止。

孩子天性爱玩，而且现在的学生作业比较多，每天回家写完作业就没有多余的时间可以玩。所以孩子就会加快自己完成作业的速度，留出更多的时间玩耍。这样就会出现做作业潦草、马虎的情况。

如果父母不检查孩子作业，孩子就会继续这样的行为，长时间下来，孩子就会养成写作业潦草的习惯。

6.给孩子提供一个安静的学习环境

父母自己在做事情时也希望周围是安静的，这样自己才能静下心来认真做事，孩子也是一样的。

在孩子写作业的时候，周围的环境一定要安静，不要有人在旁边聊天嬉戏，不然会影响孩子的状态。

孩子写作业时最好不要和其他一群孩子一起写，因为孩子们会互相影响。

如果孩子们都想快点出去玩，那么他们中一定有不认真对待作业的孩子，这个孩子的行为很可能会影响到其他孩子，以致让一群孩子都养成不好的学习习惯。

孩子撒谎和抄袭绝不容忍

有些孩子真的觉得做作业是一件很痛苦的事,他一点儿都不想开动脑筋去思考。

为了偷懒,孩子甚至会和父母撒谎说老师今天没有布置课后作业。

为了应付老师的检查,有些孩子就会拿其他同学的作业抄袭。

从父母和老师的角度来看,这明显就是孩子的学习态度出现了严重的问题。

作为学生,在作业没有完成的情况下,还撒谎、抄袭,这种行为是非常恶劣的。

但是如果你站在孩子的角度去看,可能就会有不一样的看法。

假设老师上课讲的知识孩子已经完全掌握了,也明白该如何运用在题目上。

课后作业就是让孩子重复地在已经会的题目上思考,而且还是各种各样同类型的题目,孩子就会觉得非常无趣,没有新鲜感，所以就会想逃避做作业。

但是老师和父母却要他必须完成，为了不被父母责骂，孩子只能向父母撒谎，而为了避免因为自己未完成作业而被老师惩罚，所以他选择抄袭。

孩子有这种心理很正常，可是这种行为是不可取的。撒谎、抄袭，都是一些十分不好的习惯，如果父母不督促其改正，那么孩子很可能会成为一个不诚实守信的人，这就不止是作业的问题了。

父母当然不希望自己的孩子成为这样的人，所以就要找到相应的解决方法。

1.先了解清楚孩子为什么要撒谎

孩子不会没有目的地撒谎，他撒谎肯定是有原因的。

比如，孩子撒谎今天没有课后作业，可能是因为他想看更久的电视，又或者是想研究自己感兴趣的东西。

所以，父母不要只因为孩子撒谎这件事情就训斥孩子，而要先了解孩子撒谎背后的原因。

父母要学会换位思考，以平和的心态去解决孩子撒谎的行为，教导孩子下一次遇到相同情况时，采取正当的方法，而不是撒谎。

所以，发现孩子撒谎时，不妨先听听孩子的解释，站在孩子的角度考虑他是如何想的,因为孩子可能只是无意的。

要让孩子自己表达,孩子的思想没有成年人那么复杂,所以父母不能从自己的角度去批判孩子,不然只会将一件小事放大,最后不仅事情没有解决,反而会产生更严重的后果。

想要孩子不撒谎,父母可以适当地接受孩子撒谎原因的合理部分。

比如孩子想要看电视,那父母就可以让孩子先看一会儿电视再去做作业,这样孩子就不会为了看电视而去撒谎了。

孩子撒谎就是担心父母批评自己,所以父母要尽可能地给予孩子尊重,不要总是以长辈的身份来评判孩子的所作所为,给孩子造成心理负担。

2.了解孩子为什么要选择抄作业,再采取对策

孩子抄作业的情况有很多种,比如,有的是因为某一道题自己不会,但老师又要求必须完成;有的是因为做作业太无趣,自己不想做,为了交差应付;还有的是忘记了有这项作业,到后来想起时已经来不及了。

针对不同的情况,应对的方法也是不一样的。

对于有题目不会写的孩子,父母就要进行辅助,让他掌握解题的方法;对于那些嫌作业无趣的孩子,则可以让他们在作业中找到解题乐趣;而对于忘记作业的孩子,父母要适

当提醒他,告诉他可以用本子记录当天的作业。

3.给予孩子一些适当的惩罚

尽管孩子有时候的撒谎和抄袭行为是无意的,但我们仍然要告诉他们这些行为本质上是有害的,如果孩子不听劝,我们除了寻常的劝导教育,必要的时候也需要用一些适度合理的惩罚。

不过一定不能采取对孩子实施暴力或者不允许孩子吃饭这种偏激的行为,因为这样会对孩子造成身体上的伤害,也会让孩子留下心理阴影。

不要采用罚做家务、罚抄写作业这样的做法,否则就会让孩子十分厌恶做家务和作业,因为他们认为这是用来惩罚自己的。

父母可以采取一些能让孩子记住自己错误的做法。

比如,取消本来已经决定好的要去游乐园的活动,让孩子寻找一些诚实励志的事例跟全家人分享,还可以让孩子记录一下自己撒谎、抄袭所带来的坏处。

孩子写作业需要家长监督

想要孩子养成自主完成作业的习惯，单靠孩子自己基本是不可能的。而父母单靠嘴说不去陪伴和监督，也是不行的。

因为年纪较小的孩子自控力很差，就算大一点儿的孩子，自控力也是有限的。所以，想要孩子养成这样的好习惯，就需要父母有效地进行监督。

孩子在家能自主完成作业，那也说明，孩子能自主去学习更多的知识。如果养成不良的做作业习惯，就等于没办法掌握更多的知识。

好的习惯是可以养成的，但是年纪小的孩子心智还不够成熟，年纪大的孩子因为懂得东西多了，面临的诱惑也会增多，自控能力也有限，所以才需要父母认真监督好孩子做作业，让孩子养成一个良好的习惯。

1.认真负责地监督好孩子

很多父母不会过多地关注孩子在家是否高效地完成作业，只会口头催促几句，然后就继续忙自己的事情了，特别是年纪大的长辈，对孩子关心的更多的是孩子是否开心、是否健康，学习只是其次。另外，很多父母都要忙于工作，很少真正关心孩子的学习，觉得把孩子交给老师就可以了。

父母辛苦工作也是为了能让孩子有一个更好的生活，而如果孩子从小就养成了不好的习惯，那父母的辛苦都会白费。所以父母不应该只重视给孩子提供一个优质的生活，也要配合老师，做好对孩子学习的监督，认真监督孩子做作业。

2.建立一种良好的生活模式

习惯不是两三天就能养成的，它是需要一定时间重复去做的。所以父母想要孩子养成好习惯，就要坚持每天监督孩子做作业。

好习惯能伴随孩子一生，一个好的习惯能衍生出其他好的习惯，所以孩子能高效、高质量地自主完成家庭作业，就等于孩子也能自主地学习。

父母宠孩子是本性，没有哪一对父母不爱自己的孩子的，这也导致了很多孩子会"娇生惯养"。上学父母接送，想吃什么父母就买，玩累才去写作业，父母也不管，这样的作业质量可想而知。

其实，父母可以和孩子建立一种良好的生活模式，做到学习休息两不误。在孩子写作业前，提醒他准备好需要用到的文具，监督他在吃饭前一定要完成好家庭作业，中间不要停止，一次性地把作业做完。而且在孩子做作业的过程中，提醒他不要吃东西、不要吵闹。让孩子有强烈的时间观念，控制好自己的做作业时间。

晚饭过后，可以让孩子休息半个小时到一个小时，父母可以趁孩子休息的这段时间检查孩子的作业，发现什么问题立刻跟孩子沟通并让其做出修改。

孩子修改好后，可以再进行其他科目的预习，这些都完成后，孩子就可以自主安排时间。这样，孩子既能娱乐，又能高效地完成作业，还能学会管理好自己的时间，成为一个自律的人。

而这个过程需要父母做好监督，因为孩子年纪小，坚持一段时间可能就会有所松懈，所以就需要父母从旁提醒。

父母还可以让孩子为每天的时间制订一个计划表，什么时间完成什么事情，清清楚楚地记录下来，让孩子自己按照时间表做事，父母做监督就好。完成了计划就可以给予孩子一些奖励，没有完成就给予一些小的惩罚。

对于年纪小的孩子，父母可以协助他制订计划，给孩子一些建议，但要遵循孩子的意见，这也能让孩子更有动力去完成计划。

如果父母能长时间坚持这么做，那么孩子一定能成为一个会管理自己时间、自律的人，父母自然也不用再担心孩子的学习。

父母在监督孩子写作业时，可以借用一些小工具来规定孩子的时间，比如一个计时器。用计时器可以设定孩子做作业的时间，可以防止孩子做作业拖拉的行为。

有些孩子做作业的时候很拖拉，一会儿上厕所，一会儿去喝水，本来30分钟可以完成的作业，拖到两个小时都没有完成。

计时器就可以很好地解决孩子拖拉的这个问题，父母可以根据孩子平常做作业的速度调一个恰当的时间，计时器响起时，就证明时间已经到了，那么孩子就会有一个紧迫感，像考试一样。

同时，计时器还有一个好处，可以让孩子挑战自己做作业的速度，孩子从中也可以获得成就感。父母也可以给孩子相应的奖励或惩罚，如果孩子在计时器响起前完成作业，就可以给予奖励，反之，就给予惩罚，惩罚可以是减少孩子看电视的时间等。

父母是孩子的第一任老师，父母对孩子的影响力也是巨大的。很多人都说，有什么样的父母就有什么样的孩子。

父母是一个自私自利的人，孩子也不可能成为一个无私大方的人。所以，想要孩子能养成自主写作业的习惯，那么父母就要以身作则，同时对孩子做好监督。

第三章

孩子不愿意写作业怎么办?

孩子不愿意写作业,是每个父母都会头疼的问题,俗话说"皇帝不急太监急",孩子对自己的作业拖拖拉拉,而父母就在旁边拼命督促,又打又骂。

这是因为父母没有找出孩子不愿意做作业的原因,总是单方面地觉得孩子只顾着玩,没有学习的心。

了解孩子不写作业的原因

很多父母总是抱怨自己孩子不写作业,再怎么催促也起不到作用。

可是父母催促的同时,自己却在看电视或者玩手机。

换位思考一下,如果你是孩子,你愿意去写作业吗?所以找出孩子不愿意写作业的原因,可能是孩子的原因,也可能是父母的原因,找到原因,自然就有相应的方法。

孩子不写作业的原因主要是父母对家庭教育不重视或者认知不够。他们认为父母只负责孩子的衣、食、住、行,老师负责孩子的学习。有的父母对孩子过于顺从,孩子不写作业也不对他管教,孩子自然就养成了不写作业的习惯,还有的父母虽然有家庭教育的观念,可是不能很好地与学校教育配合。

种种原因,导致孩子从小就养成不好的习惯,以致进入学校以后没有办法很好地适应学习生活,更不愿意去完成作业。

针对孩子不做课外作业的原因,可采取以下做法。

1.父母可以向老师了解孩子的学习情况

配合老师的工作,与老师联手帮助孩子改掉不愿意做作业的坏习惯。父母在家中也要改变和孩子的相处模式,不能一直顺从孩子或者责怪孩子,让孩子有一个好的生活氛围,才能更好地帮助他养成良好的学习习惯。

父母可以多鼓励孩子,让他在做作业中找到自信。孩子都是喜欢赞美的,如果完成作业可以得到父母和老师的赞美,那他肯定很愿意主动去做作业。

父母要引导孩子尽快进入做作业的状态。每个孩子都爱玩,特别是年纪小的孩子,玩到作业都忘记做是经常会发生的事。

有的孩子可能在睡觉前才想起今天还没有完成作业,只能匆匆忙忙地随便乱画几下应付了事,有些甚至直接选择不做了。

对待这样的孩子,父母就要频繁提醒,在孩子回家后先了解有没有作业,如果有,就要求孩子先把作业完成,才能进行其他活动。

父母可以找机会和孩子交流,了解孩子对作业的想法,然后向孩子表明自己的看法,以及老师如此重视作业的原因。使孩子真正地明白做好作业的重要性，明白家庭作业是必不可少的。

2.让孩子独立思考，不要过度干涉

父母要培养孩子独立解决难题的习惯，不要一遇到困难就寻求帮助，实在没办法解决，父母再帮助孩子。要注意不能一下子就告诉孩子答案，父母要做的是教给孩子解题思路，让孩子真正明白如何解题。

孩子完成作业后，父母要及时检查。检查孩子字迹是否潦草，以及作业上的错误，并和孩子一起讨论分析，最后在孩子的作业本上签名。

如果父母能一直坚持有效地督促、辅导、检查，那么孩子就会养成良好的写作业习惯。

虽然父母监督孩子写作业是正确的，但过度地干涉，容易使孩子养成依赖父母的习惯，不利于孩子发挥出他应有的能力。毕竟，学习是孩子必须要独自完成的事。

3.教育孩子合理管理自己的时间

做事不拖拉对于孩子来说比较困难，所以需要父母引导孩子。

因为孩子的好奇心强，所以孩子在写作业时很容易受到诱惑，一边玩一边写作业或者一边看电视一边写作业，这样完成的作业肯定质量不高。

父母要在生活琐事上开始引导，比如让孩子早睡早起，早晨起来后跑步或者背诵一些课文，晚上放学后完成作业才能玩游戏，吃完饭后才能看电视等。

在每个时间段都给孩子制订相应的计划，而这些计划孩子是可以接受的，长期下来，孩子就会养成习惯。

孩子不愿意写作业的原因特别多，除了家庭原因以外，还有孩子对老师是否喜爱，上课是否专心，课后是否会进行思考等，这些父母都要了解。

对孩子的教育是一件很复杂的事，父母要从很多方面了解孩子的情况和孩子的内心。父母不能操之过急，要给孩子树立好榜样。没有教不会的孩子，只有教不会的父母。

父母要起带头作用。不知道父母们有没有听孩子说过这样一句话："爸爸妈妈，为什么你们总是让我快点儿做作业，而你们却可以打牌、看电视呢？"

父母就会回答："因为爸爸妈妈完成了一天的工作，现在需要休息。"

孩子又会说："我也完成了一天的学习，我为什么就不能像你们一样可以休息呢？"

面对这个问题，父母通常都不知道该如何反驳，只能用父母的权威命令孩子去写作业。

孩子的思维是很简单的，他只觉得为什么父母可以我就不可以，父母在休息的时候，他也不想去做作业，所以父母在家要起到良好的带头作用。

当孩子写作业的时候，父母不要只顾着自己打牌或者看电视，你不一定要陪在孩子身边看着他写作业，但可以做一些带动孩子写作业的事情，比如，可以看一下书、记录下一天的工作，让孩子看见父母也和他们一样，结束了一天的工作，晚上还在不断地学习。

确实，对于年纪比较小的孩子来说，学校一天的学习已经很吃力，放学回家还要完成相应量的课后作业，心理难免会不好受。

所以父母可以想办法调动孩子做作业的积极性。想要让孩子主动写作业，不再抗拒作业，首先要做的就是让孩子对写作业感兴趣。

4.给予孩子奖励和鼓励

比如，在孩子能自主完成好作业时，送他一份小小的礼物，比如零食、心仪的玩具、游戏机等。

奖品最好是孩子所喜欢的东西，而不是父母想送什么就送什么，只有这样，才能最大化地激发孩子的热情。

当然，有奖励就会有惩罚。如果孩子并没有按照约定完成作业，那么就要受到一点儿小小的惩戒，让孩子明白承诺的重要性。

其实，对孩子的奖励也不一定是物质的，给予孩子精神的奖励也许会更好，比如周末带孩子出游，或者带孩子去图书馆、博物馆接触更多的课外知识。

而对于惩罚，也应该根据情况而定，过重的惩罚只会起反效果，让孩子更加厌恶写作业。

父母还可以帮孩子分析作业，孩子不想写作业是因为对作业毫无头绪，不知该从哪里入手。

那么，父母可以先问孩子，作业有哪些，然后帮助孩子分析情况，先易后难。先完成容易的作业，再把更多的时间留给难度较大的作业。

这样，可以帮助孩子一步步地进入写作业的状态，而不至于一开始就被困难打倒，选择放弃写作业。

要注意的是，孩子在写作业的过程中，肯定会遇到不懂的难题，父母应该力所能及地帮助孩子解决，而不是不耐烦地教导或者大声训斥。

父母的训斥，只会让孩子对写作业的厌恶感大大增加，长时间下来，他们更不愿意写作业了。

当孩子写完作业后，父母应该对孩子的学习过程做一个评价，对于孩子表现好的地方，应给予表扬。

孩子表现不理想的地方，要指出来让孩子反思，让他相信下一次他一定会做得更好，从而让孩子获得信心。

5.别一直逼迫孩子

之前也有提及，现在的孩子在学校的压力是很大的，父母都有望子成龙、望女成凤的愿望，所以为了不让孩子被同龄的孩子超越，就硬逼着孩子去学习更多的东西。

在寒暑假给孩子报各种兴趣班、补课班，使孩子变成了一个"学习机器"。

孩子接受不了是正常的，因为这种压力哪怕是大人也未必能承受。

在逼迫的情况下，孩子肯定会觉得学习是一种任务，枯燥乏味。

所以，理智的父母都会知道孩子需要劳逸结合，他们会合理安排孩子的学习时间和娱乐时间，让孩子在学习之余也能够得到足够的放松。

父母应该在孩子完成作业后，给予他们足够的时间来娱乐，让他们尽情地享受快乐的时光。这样，孩子的学习效率会更高。

所以，想要让孩子爱上学习，就应该先让孩子体验到玩的乐趣。

帮助孩子弄懂课堂的知识

老师给孩子留课后作业，是为了让他巩固当天所学的内容，做作业使其能更熟练地掌握这些内容，并能保证在日后的考试或其他情况下使用这些知识。

想要达到这种目的，有一个很关键的前提条件，就是孩子必须听懂老师在课上讲的内容，并且能加以应用。

也就是说，如果孩子从一开始就没学会课堂上的知识，而父母却一味地催促他去做作业，他当然会很抗拒，因为孩子根本无从下手。

那些没有听懂老师在课堂上讲课内容的孩子，他们不是故意不去完成课后作业的，实在是因为不会做，因为解题思路不清晰。

这样的孩子可能并不是上课没有认真听老师讲课，而是他没有办法很好地理解，不能很好地跟上老师的思路，如果强行让他完成课后作业，他也不知如何是好。

所以，孩子自然就会产生这样的想法：既然不会做，干脆就不做了。

这样的孩子，父母一上来就直接责怪他，是不会起到作用的，因为孩子的本意并不是想逃避作业，而是因为根本就不会，所谓"心有余而力不足"。

所以，父母要先和老师交流，了解孩子在学校里学习的情况。

如果他平时上课听讲很认真，老师讲的他也有记录，但就是不写作业，那么就要考虑他是不是没有听懂老师在课堂上所讲的内容。

父母在孩子回家后，可以问问他，了解一下他今天的学习情况。不过，切记不要直接问"你今天上课都听懂了吗？"这样的问题。

孩子通常都不想承认自己上课没有听懂的事实，父母要是这样问，只会让孩子觉得自己受到了质疑，觉得自己听不懂课是一件很错误的事，甚至会产生自卑的心理。

所以，父母要有耐心，尽量平和地去和孩子交流。

比如，父母可以这样对孩子说："我咨询了老师，老师说你上课听讲很认真，我很高兴。你觉得老师讲的课怎么样？

你对这些内容有什么疑问吗,有什么爸妈可以帮到你的?"

这样的询问,先是对孩子上课的状态进行肯定,这会让孩子觉得自己在学校的表现是好的,不会觉得有很大的心理负担。

然后父母再提出其他的问题,孩子也不会觉得很难堪。当然,父母也不要很直接地指责孩子上课听不懂,要用试探的语气,引导孩子说出在课堂上遇到的问题。

这样也会让孩子感受到来自父母的关心,他也不会很紧张,父母也能慢慢了解孩子听不懂的是哪些内容。

了解孩子的情况后,父母就可以有针对性地帮孩子解决这些问题了。

比如,提醒他在课堂上把自己没理解的地方记下来,下课后可以问问会做的同学,如果同学讲不清楚的话,也可以直接去找老师,让老师再讲解一遍。

也可以教孩子做好课前预习,了解一个大概,把自己不太明白的地方先标示出来,等老师讲课时,自己不明白的地方着重记录。如果还是听不懂,可以选择课后时间找老师询问。父母也可以在家辅助孩子学习,或者找其他的老师再进行重新讲解等。

只有当孩子把不懂的知识点都弄明白的时候,他才不再害怕作业,尤其是他第一次在自己完全能理解知识的前提下独立完成作业时，会觉得自己很有成就感，觉得自己也能独立完成作业，那么以后父母就不用再操心自己的作业了，他自然会积极主动地去完成各科作业的。

听课不只是听而已，还需要在听课前让孩子的身体、情绪状态都达到最好的状态，如果想提高听课效率，还要做好预习和复习。

1.听课前做好预习

随着孩子逐渐长大，他们所学的知识也会越来越多，这就要求孩子更多地去理解与思考，而不是死记硬背。

那么如何才能做到更多地思考呢？就是预习。

课前预习，可以发现新内容中的难点，等老师讲到时重点标记；也可以掌握每节课的基础内容，更容易跟上老师的思路，积极回答老师的提问，从而始终保持亢奋的听课状态。

有些孩子说："预习固然重要，可作业都无法完成，根本没有时间预习。"这也可以理解，现在的孩子学习竞争压力大，精神很紧张。但比较优秀的孩子和一般孩子，明显的区别就是前者做作业快、效率高。

在相同的学习时间里，他们可以留出15～20分钟的时间预习，自然听课效果就好，作业也做得快。所以预习是形成良性循环的重要环节。

如果时间不够，怎么办？

那就可以专挑自己比较弱的科目来预习。

每一科的预习时间大约是 15 分钟,主要是了解整体知识内容,记录难点和课程重点,并在听课时集中注意力。

实在没有时间预习,也可以在课前花两三分钟的时间迅速浏览一遍,让自己更快地进入听课状态。

2.听课时理解最重要

做好了课前预习,孩子的注意力就能集中在更有效的地方,能让孩子更好地学习他所不懂的知识点。

有些孩子上课一直记笔记,这其实是好事,但这样可能就会忽略到老师讲课的内容,导致课后需要花更多的时间去理解课堂上的内容,自然得不偿失。

那么,该如何记笔记呢?

第一,笔记可以记不完,但是老师说的一定要听,没记完的笔记课后可以边复习边完善。

第二,老师讲述得很详细的内容,不需要再重复做笔记。

第三,笔记不是一直抄写老师的步骤,而是要学会理解老师的思路。

只要做到以上这三点,孩子不仅能提高听课效果,还能记录下有用的复习资料。

3.课后及时复习

课前的预习是为了保证孩子能认真听课，深刻记忆和理解知识。但容易遗忘也是一件棘手的事，对抗遗忘的最好方式就是复习。

所以在课后要即时复习以巩固当天所学的知识，并养成有计划的复习习惯，将所学知识牢牢掌握。

父母可以把这些预习、听课和复习的方法教给孩子，孩子一旦掌握，听课的效率就会更高，成绩自然会更优秀。

4.优秀孩子的听课方式

为什么优秀的孩子能考进名校呢？

有专家经过研究后发现，"听懂每一堂课"是他们取得优异成绩的共同点。

一节课大约是40分钟，优秀的学生基本不会走神儿，但有些学生课上总会走神儿，然后课后浪费更多的时间去弥补。

那怎样才能提高听课效率呢？如何让孩子在课堂40分钟内与老师保持时刻同步呢？这里有以下几种方法。

第一，每天坚持一定时间的适度体能锻炼，要养成在课间休息时间彻底放松的好习惯。坚持做好课间操，可以多做一些放松动作，像活动手指、按摩指尖等，能更好地应付接下来的高强度学习。

第二，调节听课心态，让自己爱上听课。对于不太喜欢的课可找一个本子，认真列出这堂课有什么优点、这节课老师有什么优点，每天重复看一下，慢慢地就能说服自己爱上这门课，从而可以保持积极的听课心态。

第三，在听课的过程中，不要让自己一直处于紧绷的状态，因为这样很容易让大脑进入疲劳的状态，从而集中不了注意力。

第四，课堂结束后，不要立刻写作业。可以先在脑海中回放一遍老师讲的知识，看自己是否理解到位，这样做作业时效率也会更高。

孩子没有记住所有的作业

总会有孩子粗心，只记住了一部分的作业，那么面对这样的问题，该如何解决呢？

1.训练孩子用记事本记事

父母最有效的办法是给孩子准备记事本，让他每天把作业写下来,回家后看着记事本完成作业。

可能有的父母认为,即使准备了记事本,孩子可能也会漏写或者忘写,是否可以拜托别的同学帮孩子做记录,回家后父母再慢慢检查?这肯定是不可行的。宁愿让孩子慢慢改正,也不能让同学帮他记,因为这样,孩子就会很依赖他人,丧失自己可以做事的能力。

不过可以让孩子和一个有着记事习惯的同学一块儿学习,这样,同学记什么他也跟着一块儿记,直至他养成自己的记事习惯为止。

2.适当地提示孩子

就算孩子采用了记事本法,可只记了三天或几天就放弃了,甚至连记事本都丢了,怎么办?

一个孩子养成好习惯和改正坏习惯的决心,和父母有很大的关系,孩子记了三天不记了,或者是连本子都弄丢了,其实也是说明父母只检查了三天就没有继续了。

人都有惰性,老师不催了,父母不查了,孩子自然放松了,也就打回原形了。

所以,要想孩子养成每日记事、今日事今日毕的好习惯,父母就要有决心坚持监督孩子。

养成一个坏习惯的时间很短,可是改掉一个坏习惯就需要一个月甚至更久，要付出一定的代价。

但是，如果一个好习惯可以让孩子受益终生，那么哪怕要付出一年的时间也是值得的。

从孩子的角度来看，孩子没有记住所有作业，很大原因是因为他并没有真正重视这件事，或者说他对作业提不起兴趣。课堂上老师布置作业时，他并不感兴趣，可能脑海中在想别的事。

父母可以通过与老师沟通协商，请老师在布置作业前，单独对孩子提示一下，或直接用语言提示，让孩子把注意力回到作业上。

孩子回家写作业时，能够分散他注意力的事情就更多了，比如电脑、电视、游戏等。

边写边玩，就会导致某样作业被遗漏，即使他已经做好记录，他也无法静下心来核对，因为他只想快点把作业完成，然后做自己真正想做的事。

父母必须根据具体情况，给孩子定写作业的规矩：给他一个安静的环境，然后规定完成作业的时间，只有完成所有的作业后，才让他自由活动。

3. 生活上也要有好的习惯

大部分遗漏作业或者不能完成作业的孩子，在生活中也是经常遗忘事情的。

可是父母总觉得只要孩子把学习作业做完就好，生活中的那些细节都可以忽略。

生活习惯也反映了一个人的能力，没有规律、丢三落四的人学习自然也不会好。所以，建议父母也要帮孩子改掉坏习惯，双管齐下，效果会更好。

4.让孩子学会自己负责

孩子不能把学业当成乐趣，这是正常的，不能一直强求，但要让孩子把学习当作一种责任。

父母可以和老师沟通，请老师给孩子一个班干部的职位。可能有人会觉得，孩子连自己的作业都不能很好地完成，又怎么可能负责好别人的作业？

其实，可以根据孩子的情况，试一下这个办法。

为什么呢？

每个孩子都愿意在集体生活中有一个好的表现。有这个班干部职位，就意味着要做好自己，不然就不能获取别人的信任，那么，孩子就愿意改掉自己记不全作业的坏习惯。

因为忘写作业的后果，不只是要接受老师的批评、补写作业这么简单，还会影响别的同学对他的信任，那么他这个班干部就是不称职的，他会有一种挫败感。

这些后果只有让孩子亲自承受，他才能明白其中的道理。父母说再多也不够一次亲身经历来的有效。

低年级的孩子学习课程比较少，作业也比较简单，不需要花很多时间记录。到了高年级，科目增加，作业会更多更复杂，难度也大大增加，这就要求孩子需要花更多的精力在学习上。

所以父母要重视孩子在求学成长过程中的每一次重要转折，陪伴孩子完成比较难熬的过渡期，为孩子做好相关的心理准备，时刻关注孩子的适应情况。

父母一旦发现孩子有忘写作业的现象，不要觉得孩子只是一次犯错便掉以轻心。有第一次就会有第二次，进而演变成一种坏习惯，那时再解决就很难了。

所以，父母一开始就要时刻关注孩子的状况，当孩子遇到问题时，及时给孩子提供帮助。

当然，并不是要求父母每天都要陪伴孩子，只需要在最初帮他养成一个好习惯，那么就可以放心让孩子自己把握好学习的时间，父母偶尔关注即可。

凡事都要从源头做起，只要开头做好，往后的习惯便水到渠成。

父母在帮助孩子改正不良习惯的过程中，也要对孩子的进步给予适当的鼓励，这是他能坚持把坏习惯改掉的动力。

第四章

教孩子做作业要用对方法

很多父母觉得，孩子学习和做作业必须要他们亲自监督和指导。

就算父母一直守在孩子身旁，孩子也是心不在焉地做作业。

这是因为大部分父母都没有用对方法，让孩子产生一种做作业是为了父母的错觉。

会自主学习的孩子更愿意写作业

1.自主学习的好处

为什么父母要让孩子自主学习？

所谓自主学习，就是孩子可以为自己设定目标，并且自发地完成这个目标。

自主学习，就是自我管理能力和自律性达到一定高度，让孩子可以在没有父母的管教和帮助下，也能合理地安排自己的学习和生活时间。

自主学习，就是能让孩子意识到学习是一件很重要的事情，不需要任何提醒，这是自己必须要独立完成的一件事。

如果孩子能养成这样的习惯，父母自然就不会为孩子的学习担心，而且孩子在其他方面也能做得很好。

2.为什么孩子不能做到自主学习？

(1) 父母过多地干涉,让孩子产生依赖

孩子不能自主学习，很大一部分原因是父母造成的。

比如，孩子在低年级的时候学习很好，是因为父母一直帮助孩子、监督孩子、检查孩子的作业，非常负责。

从孩子的作业，到孩子的成绩，再到孩子的时间，等等，父母都想得非常周全。

到了初中，有的孩子开始住校，突然离开了父母的陪伴和约束，孩子一脸茫然，没有了可以依赖的人，就像是无头苍蝇，不知道该如何做，甚至连努力的方向都没有。父母就像一盏明灯，没有了这盏明灯，孩子眼前一片黑暗。孩子太依赖父母了。

忽然离开父母，孩子失去了方向，他们根本就不觉得自己能够走下去，成绩开始一落千丈。看到孩子这样，父母只能赶紧让孩子回到自己的身边，让自己重新成为孩子的明灯，孩子的学习也重新有了眉目。

可是成绩也大不如以前了，因为孩子不适应的时间太长，学业已经落下很多。

父母并没有告诉孩子，在没有父母的情况下应该如何管理好自己。所以孩子对自己管理自己、自主学习并没有任何的概念。

那这又是谁造成的？就是父母。

孩子是想进步的，可是没有了父母为自己指路，再想赶上去，就会很费力。有些时候努力后看不到结果，没有了父母的指引，孩子就会放弃。

于是，有的孩子便出现了成绩不稳定的情况，父母管得紧些，成绩就会提升，没有父母管，自己一放弃，成绩就马上下降。孩子在学习方面没有责任感和学习的动力。

(2)父母在孩子学习上太用心，让孩子失去了学习的责任意识

如果父母干涉得太多，孩子就会失去自我管理时间的责任心，父母什么事都给孩子计划好了，孩子根本不用担心。

父母说这一个小时应该学钢琴，那孩子就学钢琴，父母说该学物理了，那孩子就学物理，父母说晚上7点要学数学，孩子就跟着父母去数学兴趣班，父母让孩子睡觉前把全部作业、课本、文具等收拾好，孩子就照做。

可想而知，孩子会变成什么样？

孩子根本没有自主意识，没有自己的时间，更别说管理自己的时间。父母已经安排好什么时间孩子该干什么事，孩子根本不用思考。

孩子就像是一个机器人。机器人是没有自己的思想的，只会跟着指令走，父母发出命令，孩子只需要执行。

这就是父母干涉太多的结果，使孩子失去了自己的本性，没有了管理自己的概念和想法。

有些孩子从小就很依赖父母，父母不在身边陪着就不写作业，可是父母在身边就能很快地完成。这是为什么？

是因为父母总是担心孩子不会、做不好作业，从孩子读书起就坐在孩子身边陪写作业，并且随时指出孩子作业中的错误。时间久了，孩子觉得学习、写作业并不是他一个人的事，如果他写不好，父母就会很生气。

其实父母可以想象一下，如果一项工作你必须自己负责完成，和一项工作由几个人共同完成，哪种情况下你的主动性会更强？

相信答案大家都懂，这就是为什么父母干涉孩子做作业，会让孩子失去自主性的原因。

而且，父母这样做，就等于是告诉孩子，学习是父母的责任，所以孩子根本就不会觉得需要自主学习。

（3）错误的管教方式让孩子失去自信

当孩子成绩不好时，父母态度强硬甚至训斥孩子，那么这样做的后果父母有没有考虑过呢？

会让孩子渐渐失去信心。因为孩子会觉得连父母都看不起我，觉得我很差，我可能就是一个很没用的人。

而且，成绩不理想，本身对孩子也是一种打击，而且打击程度可能比父母更大。

一个成绩不理想的孩子，在老师面前也不会得到很好的语气，老师也会批评孩子。

这些原因加起来，足够打垮一个孩子的自信心，一个没有自信的孩子别说克服困难了，可能连最基本的日常生活都做不好。

而且还会让孩子产生极端心理：既然自己什么都做不好，父母对自己也十分不满，怎么努力成绩都不行，我就没有必要努力了。

没有任何人愿意去做没有可能成功的事情。

3.调动孩子自主学习的积极性

(1)经常鼓励孩子，给孩子信心，孩子是最需要父母这样做的

比如，当你需要负责完成一件事，却没有把这件事做好时，你会是什么样的心态？你一般会用什么样的心理去面对？你还会有信心再面对同类型的事情吗？

一般人不愿意去做自己不擅长或者做失败过的事，这是一种很正常的心理。

试想一下，如果领导还对你进行一顿教育，你还会有动力去做事吗？即使去做，是不是只会敷衍了事，而缺少了主动性？

同理，孩子也是一样的，成绩不理想还要接受父母的教训，那也只会让孩子更受打击而已。

(2)父母试着让孩子管理自己的事情

父母总是左右孩子的决定，让孩子不明白他其实应该自己选择自己的路。所以，父母应该做的，就是引导孩子选择一条适合自己的路，学习是他自己的事，而不是父母逼迫他做的事。

借助外力和使用自己的力量，这两者的作用是完全不同的。学习就好比在跑步，本来跑步是孩子自己的事，可是父母总是怕孩子跑得慢，就在孩子身后推着孩子跑，孩子觉得这样能节省很多体力，他当然愿意接受父母的帮助。

可是当父母不再给孩子助力时，孩子就会觉得跑步是一件很困难的事，他跑一会儿就会觉得十分疲惫，所以他就会越跑越慢，甚至直接停滞不前。

那父母应该怎样做呢？

要让孩子自己跑步前行，让孩子知道这是他自己的事。当然，父母也不是完全就不理，可以在孩子旁边陪伴孩子跑步，让孩子感觉到父母一直在旁边支持自己，这样也能让孩子有足够的自信。

当父母发现孩子遇到坡道，发现孩子跑得很吃力，想要寻求父母帮助的时候，父母就可以动用自己的力量，带着孩子顺利冲过这个坡道。

这时候，孩子会非常感激父母，也能从中明白一个道理：要用更大的力量越过这个坡道。跑过坡道看到美丽风景的那份成就感，会让孩子更加自信。这样帮孩子的方式，才是最有效的。

父母的帮助只是一种辅助，如果孩子没有兴趣、缺乏主动、觉得不是为了自己学习，依靠父母和老师去监督，效果一定很不乐观。

4.信任孩子，学会对孩子放手

有些孩子不愿意让父母辅导，这是为什么？

这是孩子向父母宣布他自己可以独立的一种方式，他觉得自己不再需要父母一点一滴地教他，他觉得他自己长大了，他可以做到。他想要向父母证明自己能行。所以，让孩子独立，也是一种对孩子的信任。

大多的父母都会有一个顾虑：我让孩子独立，可是他不做作业了，或者成绩退步了怎么办？这是很多父母都会有的心理。有多少父母能做到真正的放手呢？

真正的放手是什么？是用行动或语言向孩子表达，比如，爸爸妈妈相信你可以自己独立完成这些事，所以，爸爸妈妈对你很放心,不再过多干涉你的作业或者学习。

哪怕孩子成绩真的退步了,也不能马上否定孩子,训斥孩子,更多的应该是鼓励孩子:没有问题的,这是你还没有适应而已,我们相信你能很快地适应自己独立学习的生活。这才是真正的放手、真正的信任孩子。

可是大多数父母的做法是:老师说要放手,那我就不再管孩子的学习,但内心还是一直担惊受怕,质疑着孩子真的可以做到吗?

就像看着孩子学骑自行车一样,虽然孩子不想让父母扶着车骑,可是父母担心孩子会摔倒,还是会扶着孩子的车。

为什么孩子不想父母再扶着自己骑车,这是因为孩子觉得自己能行了,不需要父母这样保护自己了。可是父母却不信任或者不放心,觉得孩子还没有学会。

有些父母更紧张,当看到孩子摔倒了,或车子歪了一下,马上就警惕起来,一直扶着孩子的车,生怕孩子受伤。

学习上也是这样,哪怕父母看上去已经放手让孩子自己独立了,可是还是会担惊受怕、辗转反侧,只要孩子的成绩不太理想,就马上再去干涉孩子的学习。

父母的不信任让孩子也对自己失去了信心,如果孩子还小,他会很顺从地听从父母的话,接受父母的辅导。

可是，随着孩子渐渐长大，他觉得自己不能再这样了。他在失去自信的同时也会恨自己为什么这么无能。

如果父母在这个时候选择提供"帮助"，那孩子就会把"恨"变成对父母的不满，抱怨他们不给他发挥的空间。于是，就会引起孩子和父母之间的矛盾。

所以，父母一定要分清什么是真正的放手。不管不问不是放手，而是放弃。所以，父母要有一个坚定的信念，那就是相信孩子一定可以做好！

父母要做的就是在孩子身旁给予鼓励，必要时帮一下。

可是什么时候才算是有必要呢，这个就要根据孩子的具体情况分析，但是有一件事父母是可以把握的，就是你是否真正地相信孩子，接受孩子的成绩出现波动。

5.帮助孩子端正学习态度，养成良好的学习习惯

父母总抱怨："为什么自己的孩子不聪明？每天教都不会，每天陪他写作业到深夜。看一下别人家的孩子，父母根本都不管，自己就会主动学习，成绩也优秀，为什么差距就这么大呢……"

孩子都是有好奇心的，他们都爱学习，就像小时候听着父母和长辈讲话，也会学着说话一样。他们会用他们自己的方式学习，以自己的方式发现新奇的事物。

有研究发现，有些孩子的"笨"和"没有天赋"主要是由不正确的教育方式造成的。这种不正确的教育方式主要是指使一些孩子没有形成良好的学习态度、没有找到好的学习方法、没有养成良好的学习习惯的方式。

端正学习态度和养成良好的学习习惯，对孩子的成长会产生积极的作用，使孩子终身受益。

实际上，这也正是孩子在低年级时主要做的事，养成良好的学习习惯比成绩更重要。

陪孩子写作业时容易走入的误区

1.孩子的事，父母一手包办

孩子要去学校读书，父母监督好孩子的学习，这是再正常不过的事，大部分的父母都会这样做。

可是很多父母会陪着孩子读书、写作业，甚至帮孩子完成作业，到后来使得孩子产生惰性，连记作业都不想去做。这种结果的产生都是孩子的错吗？当然不是。

孩子第一次没有记住作业，父母就去帮孩子问老师、问同学。第二次没记住，父母又帮忙。那孩子干脆就不记了，等父母去帮自己问吧。

正是因为父母包办了孩子所有的事，让孩子完全依赖了父母，不为自己的事负责，更不会有学习的动力。孩子就会产生这样的心理：父母比我还紧张，会替我想办法，我就不用担心了。

这样，孩子学习根本就没有主动性，父母只会越来越忙，帮孩子问作业，陪孩子做作业，帮孩子检查，还要为孩子收拾书包等，最终，学习成了父母的事。

2.过度关心

有些父母觉得孩子写作业很辛苦，就不断地打扰孩子，一会儿关心孩子还有多少作业没有写，一会儿告诉孩子先休息一下，一会儿给孩子送来一杯水，等等。

父母过多的关心，不仅会打断孩子的做题思路，同时还会影响孩子的注意力，影响孩子的学习状态。父母经常这样打断孩子的学习，就会让孩子觉得做作业很烦。

因为经常做着作业就被父母打断，会让孩子觉得：可能做作业真的是一件很难的事，因为父母一直关心自己。

父母的过度关心给了孩子一种学习是一件痛苦的事的感觉。慢慢地，孩子开始不喜欢学习，需要父母监督着才应付地去学习。孩子对学习的兴趣被磨灭了,演变成了是为父母做的事情。

父母的教育决定孩子的学习态度

1. 父母要改变自己的思路

很多父母都单纯地以为学习的时间越长,成绩自然就会提升。当孩子的学习成绩不理想时,父母就希望孩子花更多的时间在学习上。

于是,父母会给孩子报各种补习班,给孩子更多的题目,希望以这样的方式提高孩子的成绩。

可是,父母并没有认识到,成绩的好坏与学习时间是不成正比例的。

孩子对学习的兴趣、学习的方法、孩子的注意力,都会对孩子的学习效率产生很大的影响。

单方面地延长学习时间,只会使孩子更容易疲惫,这样成绩不仅很难上去,还大大降低了学习效率。父母一定要明白这个道理,才能正确地和孩子计划学习时间,提高学习效率和学习成绩。

培养孩子正确的学习态度才是正道。

父母要让孩子明白，学生的任务就是学习，学习是他个人的事，他要对自己负责，所以要努力学习。

父母要给孩子正确的引导，让孩子知道学习的重要性，让他明白为什么要学习，即为了让自己了解更多的知识，让自己更好地成长。

有些父母学历不高，自己没有接受良好的教育，还经常对孩子说："上学有什么用，毕业之后也未必能找到好工作。"

父母这样的态度，会给孩子带来什么影响？

孩子会想：学习很痛苦，连父母也是这样认为的，那么多学习好的人还不都是帮学历不高的父母工作，那我为什么要上学？

出现了这样的想法，孩子还怎么会好好学习？

所以，这样的观念不改变的话，想让孩子爱上学习、主动学习基本不可能。

2.让孩子找到学习的乐趣

孩子想要做的事，都是会让他感到开心的事。都说做自己感兴趣的事，成功的概率就会大大增加，孩子的学习其实也是一样的。

为什么很多事情,你并没有认真教导孩子,可是孩子却能做得很好?因为他们感兴趣。所以想要孩子能主动学习,就要让孩子找到学习的乐趣。

那么,如何才能让孩子觉得学习很有乐趣呢?

(1)父母要让孩子觉得学习是会让他获得快乐的

父母可以在言语中表达自己对孩子的学习十分羡慕。可以对他说:"你们的课本都很精美,课本上有很多有趣的知识。"

"爸爸妈妈以前读书的时候,书本很普通,内容也很少,老师上课就是随便讲一下,我们课后也只是背诵课文而已。"

"这道难题你已经会做了吗?真棒!"

调动孩子对学习的热情,这样他自然感到快乐,自然就会主动地去学习。

(2)回应孩子与你分享的喜悦

孩子花了很长时间解开了一道难题,很兴奋地和父母分享:"妈妈你看,我解开了一道难题,花了我20分钟时间。"

父母拿起来看了一下说:"这道题很简单啊,为什么你需要花这么长的时间,还开心什么?"

父母如果这样回答孩子,孩子会有什么反应?他们会很受打击,甚至怀疑自己的能力。

如果父母每次都这样,孩子渐渐就会失去对学习的兴趣,因为学习不能给他带来快乐。

相反,如果父母这样回应:"孩子你真棒,这么难的题都能做出来,你肯定很努力,看到你这么开心,爸爸妈妈也很开心!"

孩子听到父母的鼓励,会更加积极地解决难题。如果他能在学习中体验到快乐,自然也会愿意和父母分享自己在学习中的乐趣。

(3)父母要教会孩子喜欢上每一位老师

父母应该会发现一件事,如果孩子喜欢这位老师,那他上这位老师的课就会很积极和感兴趣,这一科的成绩也会比较好;相反,当孩子不喜欢某位老师时,就会对他的课产生反感心理,会对这门课的学习失去兴趣。

所以父母要教会孩子喜欢上他的所有任课老师,从各个角度让孩子看到老师的优点,从而喜欢老师的课,对每一科都有兴趣。

所以,在陪伴孩子学习的过程中,父母一定要时刻注意孩子对老师的看法,如果发现孩子对某位老师有不好的评价,就要及时引导孩子。

3.正确指导孩子学习的方式

父母要让孩子养成良好的学习习惯，好的习惯将会终生受用。

好的学习习惯是让孩子学习成绩更优秀的必要方法，这比做更多的题目，花大量时间看书更容易提高学习效率。

学习是孩子自己的事情，父母一定要记住，不能从自己的角度出发，盲目地帮助孩子。

合理地引导孩子学习，帮助孩子培养好的学习习惯，比如主动学习、自主管理实践、寻找有效的学习方法、不懂就问等。

另外，不能麻木地教导孩子，要有方法。

孩子在做作业的过程中，肯定会有不懂的题目，当孩子向父母求助时，父母选择如何帮助孩子，所带来的结果也是不一样的。

当孩子遇到困难向你求助时，你是会选择直接告诉孩子这道题的答案，还是会给孩子一个思路，引导孩子解题呢？

可能很多父母都会选择第一种方式，因为简单快捷。选择第二种方式，父母就必须要多花很多的时间和精力才能让孩子明白。

这两种方式的区别在于，第一种方式只是教会了孩子一个题目,而第二种方式是教会了孩子一个思路,这个思路能帮他解答更多的题目。

其实孩子解不出来题目,很多时候是因为没有理解题目的意思,所以父母可以引导孩子先把题目理清楚,可能在这个过程中,孩子就明白题目是如何解答了。

如果孩子认真读题后还不能做出解答,那父母就可以引导孩子分析题目,比如,题目给了什么已知条件,可以用什么方法去解题。这样的引导方式,可以帮助孩子建立思维模式,使下次同样的问题能顺利得到解答。

而且,这样的引导方式,孩子印象也更加深刻,因为这是他亲自思考过的,更能体会到自己攻克难题的成就感。父母可以在孩子把难题做出来后及时给予鼓励,这样的效果非常好。

孩子在独立做作业时,父母不要一直围在孩子身边,干扰孩子。这是对孩子的一种信任。给孩子一个安静的学习环境,哪怕孩子做错题了,也可以等孩子把这道题做完,或者今天的作业完成,再指出并引导其改正。

4.帮孩子缓解负面情绪

孩子在做作业和学习中有负面情绪是正常的。当孩子因为作业产生负面情绪时,父母不要责怪孩子,而是要帮助孩子缓解负面情绪。

比如孩子因为作业太多而耽误了和朋友玩的时间，那么父母就可以和孩子计划一个时间表，把作业分成一个个阶段，这样看起来，每个阶段的作业都很少，能有效缓解孩子的负面情绪。

如果孩子觉得检查作业很烦躁，父母可以试着和孩子做游戏，也可以对孩子的作业设置奖励模式，做得好可以得到一个小星星，小星星多了可以兑换一个小礼物。孩子自然就不会有过多的负面情绪，做作业的速度也会加快。

如果孩子做完作业还剩余很多时间，就可以让孩子自由安排，或者和孩子进行一些亲子活动，比如可以和孩子玩飞行棋，到外面放风筝、骑自行车等。

5.父母也要学习，营造学习氛围

想让孩子爱上学习，不能单靠监督孩子，父母在家里也要经常看书学习，营造读书氛围。

想要改变孩子，父母就先起到榜样作用，如果父母每天都在看电视，孩子自然也想看电视。

有一个读初中的孩子，学习成绩十分不理想，老师怎么鼓励效果也不明显。后来经过了解，老师发现，原来这个孩子的父母认字不多，没有学习经验，每当孩子写作业，他们就在家里看电视。

于是老师想了个方法希望父母可以配合，老师建议父母每天陪孩子一起学习，文化水平低没关系，可以看一些简单的书，或者一直保持着看书的动作。

父母听了老师的建议，每天晚上都会陪着孩子，看到父母也这么努力地看书，孩子也把更多的时间和精力用在了学习上，于是在下一次考试中，他的成绩突飞猛进。

虽然孩子的成绩有了很大的进步，但是父母并没有因此而松懈，依然每晚陪孩子一起学习。

过了一段时间后，孩子主动和父母聊天："我知道你们这样做，是为了让我更专心地学习，爸妈你们辛苦了，我会管理好自己的。"

父母在家营造学习气氛时，不要太刻意，只要能让孩子感觉到你们也在努力，他自然也会跟着努力，久而久之，孩子自然就会养成自主学习的习惯。

所以，父母想让孩子的学习成绩优秀，不要只在成绩上下功夫，把时间花在如何培养孩子的学习习惯、营造好的学习环境上，效果可能会更加明显。

让孩子高效完成作业的5个妙招

1.让孩子自己计划做作业的时间

做作业是学习过程中的一个重要环节,孩子能自觉做好作业,就证明他可以自主管理自己的学习。所以,要让孩子自己计划做作业的时间。

可能有些父母因为孩子小,所以从孩子读书起,就陪着孩子做作业。即使这样,父母也要培养孩子自己计划做作业的能力。

当然,不可能一下子就能让孩子养成自己计划的好习惯,这需要一个过程。

比如,孩子平时需要一个小时才能把作业完成,父母仍然可以陪孩子一个月,但下个月就只能陪他半个小时,第三个月就只陪20分钟,这样逐渐地让孩子习惯父母不在旁边的日子。

到最后,孩子自然就能计划好自己做作业的时间,每天坚持自己完成作业。

父母一定要相信孩子,很多时候父母总是觉得孩子没了自己不行，所以父母一直不肯让孩子自己计划事情，孩子自然不可能锻炼出相关能力。

父母也不要一直看着孩子做作业，因为孩子并不希望一直被盯着，那样会觉得压力很大，害怕出错，可能本来会的题目也做不出来了。

而且父母本来就很紧张孩子，看到他不会的题目时，就会很着急，想把答案直接告诉孩子，这也会让孩子养成依赖父母的坏习惯。

可能在往后做作业时，只要一碰到有难度的题目，孩子可能连思考都不会思考，直接就请父母帮助，希望父母告诉他答案。

孩子向父母寻求帮助时，父母可以跟孩子这样说："你再仔细观察一下题目，想想看。"

父母要有耐心地一步步引导，就算孩子回答的是错误的，也要鼓励孩子，不要因为错了就对孩子失望，因为错误答案也是经过孩子思考的。

通过这样的方式，孩子就能更多地去思考，慢慢体会到思考所带来的成就感和乐趣，对之后要完成的作业也更加感兴趣。

孩子对作业都会有一种恐惧的心理，因为他觉得自己可能做不好，所以父母要给予孩子信心。孩子做作业需要父母陪伴，就是害怕自己不能够把题目都做出来。

所以父母应经常鼓励孩子，多跟孩子说："孩子你经过自己的思考一定可以做出来的。"让孩子建立更强的自信心，鼓励孩子独立完成作业。

父母要教孩子如何做好学习计划，孩子每天记录好老师布置的作业，父母教孩子先把作业分成几大块，先完成同一类型的、比较基础的作业，再完成难度比较大的作业。

做作业一定要一心一意，不能一边玩一边做作业，作业完成后要及时检查。父母每天监督的确能起到很好的效果，作业也可以按时完成，可是这样不能培养孩子独立写作业的能力。

因为他会依赖父母每天的提醒，所以他不需要担心自己的作业时间是否安排妥当。所以，父母要采取正确的监督方式，既能起到监督的作用，又能培养孩子独立写作业的能力。

2.根据孩子的作业情况选择监督的力度

类似语文和英语的抄写和背诵课文、生词，数学的填写乘法口诀这类作业，都是很基础的，基本所有的孩子都能独立完成。

那么，父母就可以选择不用亲自监督，不过要给孩子设定一个时间段，让孩子在规定的时间内完成。

先和孩子交流，完成这些作业大概需要花多长的时间，并做好记录，时间一到父母就来检查完成的情况。

父母可以把每项作业的时间整理出来给孩子看，然后把计时器放在孩子面前，让孩子知道自己还剩多少时间，起到约束作用。

如果是一些注意力比较差的孩子，父母可以在孩子的视线范围内活动，这样也可以起到监督的作用。相反，那些注意力比较好的孩子，父母就可以在远离孩子的地方继续忙自己的事，偶尔观察一下孩子即可。

像语文作文、英语阅读、数学几何这样的作业，因为难度比较大，所以孩子都会遇到困难，那么父母的监督就可以频繁一些。

当孩子向父母寻求帮助时，父母可以先看一下题目是否真的很难。

因为有些孩子说不会，其实并不是真的，只是因为不想自己思考而已。如果孩子是这种情况，父母一定要让他先审好题，必要时可以读出声来。

因为他只是不想思考，可能题目都没有认真看完，就直接寻求父母的帮助，当他认真看过题目后，可能就已经知道解题方法了。

如果孩子是真的不会做，父母可以引导孩子回忆老师平时在讲这些知识点时的情景,有没有涉及哪些公式或者方法,让孩子也运用这些方法和公式,帮助解题。

父母最好不要用自己独有的方法教孩子,因为可能会和老师讲的有出入,影响孩子的记忆。

也可以让孩子寻求同学的帮助,同学讲的往往会让孩子更容易接受。同学帮助解题时,要让孩子做好记录,不要一心只想着要答案。

在孩子掌握了这道题的知识点后,父母可以找几道类似的题目让孩子做,以巩固这些思路。

父母还要注意一点,随着孩子年龄的增长,要渐渐降低对孩子的监督力度。孩子大了会有思想,也会明白自己需要独立,所以父母要给予孩子足够的空间,让孩子把做作业真正当作是自己的事情。

可能刚开始孩子会不适应,会出现各种各样的问题,这时父母一定要沉住气,不能马上帮孩子解决。

父母这时要做的是给孩子一点提示,然后让孩子自己去摸索和思考。这样,他才能慢慢地从十分依赖父母蜕变成可以自己独立完成。

3.控制好做作业的时间

有些孩子知道自己要写作业,他也做好了相应的计划,可是写作业时总是拖拖拉拉,不到最后一秒都不想写,上文提及的计时器,就能很好地帮助孩子掌握做作业的时间。当然,还包括很多其他的方法。

父母在孩子放学后,可以邀请同班同学到家中一起做作业,也可以把孩子送到别人家,但前提是那些被邀请的孩子都是一些很有自制力、很自觉做作业的孩子,不然是没有效果的。

当同学都在认真做作业时,你的孩子也会被影响,他也会抓紧时间写作业。因为如果别人都写完了,只剩他自己,他就不能和同学一起玩了。

不过,最好是四人以下组成一个小组,人多了,效果就会降低。

在和孩子商量需要花多长时间完成作业后,父母可以问他:"你能不能在规定的时间内写完作业?"

孩子都会回答:"能。"

此时,孩子会马上进入写作业的紧张状态。

可是孩子可能不会坚持下去,比如,过了几十分钟,你发现孩子已经走神儿了,在玩别的东西,这时你可以提醒孩子时间,比如,和孩子说你还剩20分钟。

记住,你提醒的是还剩下多少时间,而不是直接指责他玩的行为。

父母要用时间来给孩子压力，让孩子知道自己必须要抓紧时间写作业。

这样做，不会引起大人和孩子之间的矛盾。如果孩子在规定的时间内完成了作业，你可以给予小小的奖励，比如看半个小时电视，和朋友到楼下玩一个小时等。

如果孩子没有在预计的时间内完成作业，你也不要马上对孩子进行批评，而是要和孩子分析原因，是因为时间预计得不合适，还是走神儿影响了作业的进度，或者是某些作业的难度较大，要花更多的时间。

只有找出真正的原因，才能在下次预计做作业时间时有章可循，这样孩子就不会再把握不好时间了。

日积月累，孩子写作业的速度就会越来越快，不仅如此，孩子在面对考试时，也能把控住自己的时间，考出好成绩。

如果你的孩子控制力很差，即使在你提醒后仍在自娱自乐，一点都没有想继续完成作业的意思，你也要控制住自己的怒火，不要对孩子大发雷霆。

你要记住，你越是生气越是着急，孩子就越不想做。你可以频繁地提醒孩子时间，如果孩子依旧如此，那你可以选择继续忙自己的事，但不可以让孩子离开书桌。

如果一直拖到了很晚，孩子已经很困了，这时你就对孩子说："你的作业还没有完成，所以不能睡觉。"

无论孩子再怎么困，也一定要让他写完作业再去睡觉。

这时候，孩子写作业的速度会特别快，父母要做的就是陪在孩子的身边，哪怕孩子的字再潦草，也不要制止他，因为起码写作业的速度得到了提升。

不过孩子这样做当然是不好的，因为老师对他的作业肯定会不满意，会批评他，让他重做，把错题改正，不过这就是他赶着做作业、马虎了事的后果。

多试几次，孩子就会明白，父母和老师是不会纵容自己的，那么放学后他就会抓紧时间写作业了。时间久了，写作业的质量和速度自然都会得到提高。

4.一定要有耐心，还要坚定，不能心软

这里的耐心，是指父母一定要控制好自己的情绪，对一些控制力比较差的孩子，不能训斥他，因为一旦你责骂他，孩子就会很害怕，他知道你一定会用各种各样的方式逼迫他写作业。

一直都是如此的话，孩子就会形成一种做作业是为了父母的思想，因为自己不写作业，父母会愤怒、着急，仿佛作业是父母的任务，孩子只是帮父母完成而已。

所以父母一定要冷静,和孩子说话要心平气和,哪怕孩子做作业拖拉到晚上,也不要对孩子发火。

这样,孩子就明白了,作业完不成父母都不帮他,他如果不想被老师批评,他就必须要靠自己,那么他会知道自己必须要做好作业。

坚定,是父母一定要秉承的态度,这也是父母和孩子之间的一场考验,坚持到最后的人就能取得胜利。

父母的威严本来就是一种优势,可是总管不住孩子,就是因为容易心软、思想不坚定。看到孩子累了就不忍心,所以依着孩子拖到明天。孩子就会利用父母的心软,然后一直拖下去。

5.告诉孩子,想要实现愿望,就要好好学习

孩子在年纪小的时候,因为还不懂事,所以常常会根据父母的指令行事。随着年龄的增长,心智逐渐发展,孩子会开始有自己的想法和愿望,不再愿意一味地服从老师和父母的指令。很多父母都会因此而头疼,觉得孩子不受控了。

而正确的做法,父母应该利用孩子这一点,鼓励孩子好好学习,告诉孩子只有这样,愿望才可以实现。

比如,孩子看见同学在看一些玄幻小说,就想让父母也给自己买。

听到孩子的要求，有些父母可能会很不耐烦地跟孩子说："小说你看得懂吗？我给你买了这么多书，你看都没看，现在还让我买小说，不可能！"

也有父母会告诉孩子："你看小说对你有帮助吗？考试会考吗？有空就多看一些工具书！"

这些父母给孩子的信息都是，有空你就该多看看有用的书，不要看这些乱七八糟的东西，再说，你也看不懂，没必要浪费这些钱和精力。

孩子接收到父母这样的信息，就会更加不主动做作业或者学习，甚至更加厌烦父母所说的那些学习工具书。

孩子也会有从众心理的，看到别人在看，他也会想去看，其实父母可以满足孩子对课外书的渴望。如果他真的没兴趣，那么他随便翻开几页也就放下了。

孩子为什么想要买，因为这样可以和同学有共同话题，在学校就不会孤单，不会没有朋友。而且他可能以后看见这本书，他觉得感兴趣，就会拿起来认真阅读，这时候就不只是为了和同学有话题可聊了。

读书对孩子的思维养成会有很大的帮助，不是只有从课本里才能学到知识，每一本书都有学习的价值。

再比如，孩子都会希望在放假的时候父母带自己去旅游，那么孩子就必须要在这之前完成作业，不然时间会不够。

很多父母会担心孩子不能把作业完成，就会没日没夜地催孩子做作业，孩子也会变得很不耐烦，做作业的效率和质量就会非常低。

其实，父母完全可以利用孩子想要去旅游的这一愿望，让孩子自动自觉地完成作业。

父母可以这样和孩子说："一个星期之后我们要去旅游，大概会去七天，这七天你就没有时间写作业了，而旅游回来后就要开学了，所以你要计划一下自己做作业的时间。"

当父母把做作业的主动权交给孩子时，孩子就会很乐意地去计划自己的时间，因为他也明白，做不完作业会被老师批评，玩得不开心。

当然，也会有孩子因为要去旅游，心思早已不在作业上。如果孩子属于这种情况，父母就要提前更多的时间告诉他旅游的事，而且还要说清楚，如果在出发前你没有把大部分作业完成，那就取消旅游计划。

所以能不能出去玩，主动权掌握在孩子的手里。再按照之前所说的方法监督，孩子一般都能完成。当孩子完成作业时，父母一定要给予肯定。

父母如何培养孩子写作业的兴趣

孩子要学习，就是想通过学习可以达到自己的目的。这个目的，就是孩子的动力，做作业也是如此。

很多孩子不管是在学校做习题还是课后做作业，都很抵抗，他们只是为了不被老师和父母批评，才不情愿地完成作业。如果有方法可以逃过做作业，自然是求之不得。

因此，想要改变孩子对作业的态度，就要让孩子对作业感兴趣，化被动为主动。对感兴趣的东西，孩子总会很耐心地探讨，过程也会非常主动，会想很多办法去了解这个东西是什么。

对学习缺乏兴趣的孩子，老师和父母要互相配合，激发孩子的学习兴趣。培养兴趣，最直接的方法，就是让孩子在作业中获得成就感。

父母不要太过逼迫孩子学习和做作业，这样孩子会变得不耐烦，自然就会十分抗拒。更多的是要鼓励孩子，父母一直针对他的错误，会让他失去信心，犯更多的错误。

不要总拿孩子和成绩好的同龄人比较,这样会让孩子内心更受打击。每个人都有自己的优点和可爱之处。家长应该培养孩子的好奇心,多和孩子去图书馆或者博物馆参观,帮他了解更多新事物。

孩子有进步时,父母可以给予奖励,实现孩子一个小的愿望,这样孩子会更加积极。想要让孩子对作业感兴趣,需要从多方面共同协调。

1.孩子对作业的态度要正确

这是一直都在强调的事情,父母和老师要让孩子知道做作业是为了他自己,父母不能过度干涉。

父母起到的是辅助作用,最主要的还是孩子本身,要让孩子深刻地意识到,作业是为了让他把学习的知识掌握得更加牢固,而且可以有更多的办法去攻破难题。

2.孩子的生活要规律

父母从小就要让孩子养成良好的生活习惯,什么时候该做作业,什么时候可以玩耍,什么时候要睡觉,这些规律都能很好地约束孩子,让他们成为自觉的人。

3.孩子做作业也要有方法

孩子做作业前,可以先回顾一下书上所记录的知识点,先易后难开始写作业,这样才能调动起孩子的兴趣。

最好是先从最感兴趣的科目做起,这会让孩子的大脑感到兴奋。这样做到后面,遇到相对比较难的题目或者不感兴趣的科目时,孩子就不会一下子陷入很烦躁的状态。

4.孩子做作业时间不要太长

每个阶段的作业时长是不一样的,孩子在小学阶段,作业最好控制在半个小时内,初中阶段最好控制在一个小时内,高中阶段最好在一个半小时内。

无论作业是否做完,到了一定的时间,都要让孩子休息。因为他们不可能一直保持最佳的状态,处于疲劳状态做出来的作业,质量肯定是不好的。

所以,孩子做作业到了一定的时间,最好先休息10～15分钟。然后再进行下一项任务,这样孩子也不容易疲劳。

年纪小的孩子,父母就可以帮他制订计划,什么时候必须要做作业,什么时候可以休息,想要去玩就必须先要把作业完成。计划做出来了,就要严格执行。

父母也要做好以下工作。

(1)要坚持

父母不要第一天监督了,第二天就不管,要坚持监督。

(2)不要一下子就对孩子要求太高

任何改变都需要一个过程,如果孩子实在不能坚持计划中的时间,那可以先把计划的要求降低,往后再慢慢提高,孩子也会慢慢进步。

(3)要对孩子的行为进行总结

如果孩子表现得好,就可以给予孩子奖励。

反之,可以给予孩子一点小小的惩罚,比如缩短玩的时间,不能买玩具等。

(4)要给孩子传递正能量

父母需要不断地给孩子传递正能量,这样孩子才会往好的方向发展。父母可以给孩子讲一些励志的故事,或者身边某些励志的人的事迹,引起孩子的兴趣。

父母自身就是最好的老师,孩子的一些不良习惯,可能就是从父母身上学来的。

父母要有正确的教育观,教育孩子是件很不容易的事,在教育孩子的过程中,父母千万不能焦躁。过激的行为是解决不了任何事情的,只会让事情变得更严峻、更复杂,所以父母和孩子讲话要心平气和,想要让孩子能好好学习,那父母就要以身作则。

父母不能只看到孩子的缺点,要多发现他们的优点,多鼓励孩子,多赞美孩子,孩子才会变得乐观,才会对学习充满希望。

第五章

处理作业中的错题很重要

　　孩子在做作业时，难免会有出错的情况，做错不要紧，主要是要通过这次错误发现问题，要懂得如何处理错题，争取下一次不再犯错。

　　同时，要懂得在错题中找出方法，保证下次遇到其他同类型题目也可以轻松应对。

孩子容易把题目做错的原因

1.知识点没有掌握好

有些孩子可能知道这个题目要用哪种方法去解答，可是因为知识点没有掌握牢固，就出错了。

有时候做错题，是因为孩子平时写作业发现不会的、不确定的题目，不会及时翻书去看。或者是在考试的时候，因为时间紧张，对知识点也没有记牢，当然就出错了。

很多时候，记错一个数、一个公式，整道题都会做错，哪怕步骤写得再详细，也是在做无用功。

孩子以为是自己粗心，其实还是对知识点掌握不牢固，写出来的答案就是没有把握的。

2.做题的时候容易走神

很多孩子在做题的时候容易走神儿，比如在做语文阅读理解的时候，看到了某个知识点，就会联想其他事情，然后就走神儿了，那做出来的题目自然就很难正确。

3.没有养成做完后检查的习惯

孩子在做题时，大概读了一遍题，就觉得自己会，做完了不去检查，或者是简单的题目就掉以轻心，往往做错的地方或者题目都是那些自认为会的。

平时在家，父母会监督、会提醒，所以孩子已经习惯父母的监督和提醒，写完作业让父母来检查，做错了等着父母提醒自己改正。等到考试的时候，没有了父母和老师的提醒，自己也不知道检查，做错了也看不出来。

做题粗心表面上似乎只影响做题效率，可是如果不正视这个毛病，将来做其他事情，也可能会因为粗心大意而铸成大错。

孩子小的时候并不会意识到粗心的严重性，因此这个问题父母要格外重视，并帮助孩子改掉这个坏毛病。

有的父母认为，我基本每天都在提醒孩子要耐心点、细心点、认真点，做完作业要记得检查，可是孩子还是会犯这样的错误。

那父母就要结合其他的原因来帮助孩子改正。

(1)家庭环境

前文也说到，在家里一定要给孩子营造一个安静的环境，如果家里整天都是闹哄哄的，孩子必然会受到影响，做作业时容易分心，不专心是很容易造成粗心的。

因此在孩子写作业的时候，父母可以从改变家里的环境开始。尤其是不要在孩子写作业的时候，一会儿问孩子需不需要吃东西，一会儿又问孩子是否口渴等，否则孩子做作业的思路就会被打断，也很容易让孩子养成粗心的坏习惯。

(2)反复练习

为什么我们会写错很多字，却一定不会把自己的名字写错呢？

因为一直反复地写，反复地练习。从小到大，我们把自己的名字写到各个地方，书上、试卷上、合同上等。每个人闭着眼都能把自己的名字写下来。

父母可以用这种方法监督孩子，让孩子把每一条需要背的公式、需要背的课文都能背到张口就来的程度。

你一说"九九乘法口诀"，孩子能马上回答出来，并且能做到一字不差地写下来。如果孩子熟练到了这种程度，那么他在写作业或者考试时，基本就不会出错了。

对于孩子做错的题目，父母可以监督孩子多写几遍，并且记录在一个专门的错题本子上。

但是有的孩子整理错题本时，往往只是把题目写上去，并没有认真对待。

虽然错题本有很多注释，看起来孩子非常用心，但是把这些错题让他再做一遍，还是会出现同样的错误。

因此隔一段时间，父母要提醒孩子，把错题本上的内容重新做一遍。要把题目真正地记在脑海中，知道自己错的地方，下次不可以再犯。

(3)将错误呈现给孩子

父母可以将孩子做的错误呈现给孩子看，制作一个日历大小的本子，标注上日期，挂在孩子经常能看到的地方。

如果孩子写完作业后，被家长或者老师发现有错误，就在表格上画一个圆，一个错误就一个圆。

每个人都不希望别人记录自己犯下的错误，孩子也不例外，孩子看着这些圆圈会觉得自己很丢脸，就会想消除那些圆圈。为了减少那些错误的发生，在完成作业后他就会自己主动去多检查几遍，自然就养成了做完作业后检查的习惯。

(4)父母忽略了粗心的严重性

父母很多时候只看孩子最后的成绩，一张试卷满分是100分，孩子考了90分，父母就会忽略掉这10分到底是什么原因扣的。

有多少分是因为孩子的粗心扣的，有多少分是孩子真的不会做扣的？父母觉得孩子考到90分已经很不错了，实际上，可能孩子的水平远不止90分。

所以父母首先要端正自己的态度，要让孩子知道粗心的危害。

俗话说"言出必行"，不能总是和孩子说："要仔细，要认真。"不能光说，而是要真正将这些话落实在行动上。

不能一边让孩子"要仔细审题"，可是转过头又说"及格就可以了，不用考太高分"。要通过自己的言行举止告诉孩子，做事决不能粗心。

就是因为父母忽略了粗心所带来的后果，才会让孩子容易养成粗心的习惯。因此想让孩子细心，父母就要以身作则。

让孩子养成记录错题的习惯

错题本就是专门用来记录错题的本子。错题本存在的目的是为了把孩子的弱项提取出来，方便日后巩固。整理错题本要求孩子有一定的自觉性，学会反思。

所以，错题本最好是让孩子达到一定年龄才开始使用，因为孩子小的时候更多的时候需要父母提醒，错题本并不能起到很好的作用。

父母需要根据孩子的实际情况，决定孩子使用错题本的时间。

错题本首页可以做成一个目录，那么孩子在进行复习巩固的时候，就可以快速找到某一个知识点，节省很多时间。

要将所有的错题分类，各个科目要分开记录，不要一个本子出现多个科目，这将会造成混乱，这个可以根据孩子的习惯进行分类。

分类的标准很多，比如：按照题型分类，语文有成语的、拼音的，数学有几何的、有函数的；按照难度进行划分，先基础的，然后再是拔高题。

记录错题也要遵循以下四个原则。

1.不要重复记录同一个知识点

相同类型的错题，只需记录最经典的题目即可，防止日后复习时浪费时间在相同的知识点上。

2.尽量不要记录因为粗心而做错的题目

什么是粗心做错的题目？比如，将数字5看成数字8，导致题目做错；或者是由于写错字被扣分的题目。这些错误都是因为粗心造成的，并不是因为知识点没有掌握。

3.记录自己认为最有需要的题目

每个孩子的情况都不一样，有些孩子基础比较差，错题也会相对多一些，如果每一个错题都记录下来，不仅花费时间多，可能也不能一一细看。

因此，就需要记录自己认为最有需要的题目。把容易拿分的题目记录下来，相对较难的题目可以暂时先不考虑。

4.要养成经常看错题本的习惯

这是最关键的。

如果只是记录，却不经常复习，那错题本的作用就发挥不出来了。孩子可以设定一个时间，每周一次或者两次，翻看自己错题本上的题目。

每一题都仔细再重新做一遍，看看自己是否把该题的知识点都掌握了，如果掌握了则可以在错题上做个记号。时间久了，等孩子把错题本上的知识点都掌握牢靠了，自己会觉得特别有成就感。

除了设定的时间，平时也可以不定时地回看。比如在别的地方发现一个知识点，自己在错题本上记录过，那就马上翻看错题本，看一下自己所做的记录。把这个知识点再巩固一遍，加深印象。

让孩子使用错题本有一个很重要的目的，就是不再犯同样的错误。

知识可以分为两类：一类是自己已经掌握的，一类是自己还没有掌握的。已经掌握的知识点，这一次做题会做，下一次做题还会做。而自己没有掌握的知识点，这一次不会做，自己整理到错题本上了，反复地看，反复地学习，就会变成自己的东西。

这样就能把所有的知识点都掌握了，成绩也不会不理想。很多孩子都面临过一种情况：考试之前，不知道该如何复习，但又不想再去看课本上的内容，因为他们觉得课本上的东西自己都掌握了。

但是到了真正考试的时候，同样的错误还是会犯。所以孩子才需要错题本，可以在考试前把错题都看一遍，因为本子上记录的都是自己之前没有掌握的知识点。通过这种有针对性的复习，成绩自然就会有很大的提高。

孩子一定要学会反思，这是让错题本起作用的关键一步。很多孩子也在用错题本，但是他们觉得错题本起不到效果，根本的原因就是没有在错题本上做反思总结。错题本上只有题目和答案，等到自己在用错题本去复习的时候，还是不知道这个题目考查的是什么，为什么错了，正确的思路是什么。

只有分析清楚这个题目的考点，理清思路，知道如何纠正，才可以不断地强化这个知识点。

下一次再遇到同类问题就可以快速正确地作答了。

5.错题本的使用方法

(1)记录错题要及时

记录错题一定要越快越好，在发现错题的那一刻就要记录好，并且错题一定要当天整理，当天消化掉。

只要有时间，就要把错题本看一遍，已经掌握的错题，就可以在错题本上删掉，因为该知识点已经掌握了，不需要再提醒自己了。

(2)要知道自己哪里错了

孩子做错的每一道题，都会有原因。比如，没有理解清楚题目的条件、知识点不清晰、没有解题思路等。

让孩子把错误的原因用其他颜色的笔标注在这道题的旁边，提示自己同类型的错误不能再犯。

孩子通过对错题的原因进行分析、整理，将有利于在学习中提高他们的自我监控能力和养成自我反思的习惯。

孩子在整理错题的过程中会遇到的问题主要有两点。

第一，不愿意整理错题，认为整理错题就是浪费时间。

确实，整理错题会耗费一定的时间，但是这个时间肯定是值得的。为什么这么说呢？

如果孩子不去整理错题，那么这一次做错的题目，下一次还是会犯错，一直都在同一个问题上纠缠。这样不仅更浪费时间，还会打击孩子的自信心。

可是如果肯花时间把错题记录下来，反复看几遍、做几遍，那么以后无论什么时候遇到，孩子都可以快速正确地做出来，这样比起来，做记录的时间一点都没有被浪费。

第二，没有时间整理错题。

如果孩子真正认识到错题本的好处，那么整理所需的时间是一定能够挤出来的。

其实，整理错题并不会花很长的时间，而且错题本的帮助很大。

孩子有时间就把错题本拿出来翻一翻，这样可以保证自己错题本上的东西在考试之前都能掌握。

只要按照上面的步骤和方法坚持做下去，就会感觉到错题本确实对于学习帮助是非常大的。

为错题分类，学习会更高效

孩子在每次考试结束后，要认真反思自己做错的题目，找出错误的原因，并把这些错误都解决好。

要通过反思、整理，找出哪一类型的题目是自己经常会做错的，为什么出错率会那么高，分析出做错题的根本原因，为什么又做错了，思路哪里不对，到底要怎么思考才是正确的，才能不再犯错。

除了把错题记录好，孩子也要认真听老师对题目的分析评讲，老师是如何思考的，是从哪个方面找突破口的，然后就可以把老师的分析记录在错题旁。

写出老师解题时的思维过程，与自己的思维有什么不一样，找到思路突破的方法。

孩子也可以根据自己的错题情况做一个统计表，分析出现错误的原因，是低级错误，还是思维方法错误、知识点运用错误、计算过程出错等，这也需要在错题本上记录，这样就可以非常清晰地发现自己学习中的主要问题。

按照这些方法建立错题本，并且一直坚持，孩子做题的错误率必然会大大下降，错误少了，成绩自然就好了。

1.找出最适合自己的做题方式

错题的类型不同，错误的原因也不同。要根据错误的原因运用相应的解决方法，孩子就能从这些错题中，找出最适合自己的做题方式。

(1)不会做的题

不会做就代表孩子对这个知识点并没有掌握，没有找到解题方法，那么孩子可以加强自己思维的锻炼。

这些题型通过学习和锻炼是可以掌握的，所以孩子可以反复做这样的题目，来弥补在这个知识点上的缺失。

而不会做的题通常也会分几个类型。

第一，没有弄明白核心概念。

这些题目往往涉及的知识点很多，有基础的、特定公式的，理解起来非常繁杂，容易给孩子造成很大的压力。

孩子要根据自己的实际情况，加强思维的训练和记忆能力训练，培养自己的思维方式，确定好适合自己的学习目标，并制订解决问题的方案，有效进行目标和时间管理。

第二，思维过于单一。

这些题目不是孩子不知道，而是孩子只能想到一种解题方法,而恰好这个方法并不能把题目解决。孩子知道是属于哪个知识点,可是因为思维太单一,并不能从多个角度思考问题,从而导致不会做。

这类问题说明孩子往往只是了解了知识点的表皮,思维单一,似懂非懂。当曾经解答过的题变换某些条件,换另一种场景的时候,孩子的思路就会混乱。

主要原因还是因为对某些知识点不能灵活运用。

孩子要针对试题涉及的知识点及内容,认真地加以复习巩固,加强典型题的应用训练,多做试题分析。

这样可以有效地培养和训练自己的思维能力、观察能力和逆向思维能力。

面对这种问题,孩子要学会从多个角度思考,有一句话叫"万变不离其宗",就算题目再怎么变化,核心的解题方法都是一样的,只是换了一个方式提问而已。

孩子可以问问同学有没有不一样的解题思路,如果有,就请教同学并做好记录,锻炼自己举一反三的能力。

(2)犹豫不决的题目

孩子在做某些题目的时候,会陷入犹豫不决的困境,这道题自己是会的,可是却记不清某些解题的步骤,觉得是这样,又觉得不是。所以写出来的答案,往往是错的比对的多。

这是为什么呢？

第一，概念不清晰。

这类错题如果认真一点很容易就可以解决，所以很容易被人忽视。比如隐藏在题中的条件和关键词语等这类问题，过后再看往往就会瞬间明白。

所以，孩子会觉得自己是明白的，只是当时没有发现而已，而事实上是因为概念不清晰。

孩子可以通过加强概念和基础知识的训练，多做典型题型来解决这一类题。

第二，没有完全记忆清楚。

这类错题主要是对概念和原理等记得不牢，或者只记得开头忘了结尾，当题目结合了多个知识点时，就分辨不清，导致答题时犹豫不决。

这样的题目多了，就会让孩子陷入迷茫，不知所措。

孩子解决这类问题的方法，主要就是解决理解和记忆的问题，加强自己的记忆能力。

(3)会做却做错了的题

这类错题也同样容易被人忽略，因为这和思维、记忆是没有关系的。孩子常常会觉得下次自己注意就行了，错误就不会再发生。

然而,往往下次还是会继续出现这样的错误,不会发生的事还是发生了。所以,对于自己的错误,一定要找出问题所在并将其解决。

第一,理解不透彻。

题目涉及的知识点多了,过程复杂了,孩子就觉得大脑没办法思考。

这主要是因为典型题做得不够多、不够熟练,对课本中的观点、基本原理和基本概念等理解得不透彻。

第二,审题错误。

这类错题通常是因为孩子没看清楚条件就急忙下笔,也可能是观察得不够仔细,判断得不够准确,抑或是心态没有放好,被外界的因素干扰刺激等。

孩子平常为了完成作业而做作业,没有针对性地做题,做完题也不会进行反思,就会缺乏慢审题快解题的训练。

要养成先审题再下笔的答题方式,以及做完题后进行检查的习惯,增强自己的审题能力。

(4)马虎粗心出的错

粗心出错导致丢分是每个孩子都可能会犯的错误,于是孩子往往会觉得很正常,很容易说服自己,觉得只要自己下次不粗心,这些题目就都能做对了。

可是这马虎粗心能轻易改变吗？显然是不可能的。

因为马虎粗心不是一种行为，而是一种习惯，要改变一种习惯不是一两天就能成功的。

孩子常见的粗心或马虎行为

1.看错题目

孩子看错题，主要是因为看得太快，觉得题目很熟悉就开始动笔。可能连条件、问题都没有看清楚，只觉得这道题对于自己来说轻而易举，等过后做错了才发现原来是自己看错了，后悔不已。

解决的方法很简单，就是放慢看题速度，也就是看题要仔细。

孩子在看题的时候可以拿笔指着题目，在心里把题目默念出来，把已知条件和问题标记出来，这样就会大大减少出错的情况。

这个做法不是只应用在考试中，平常做作业也要用这种方法,因为养成一个习惯是需要过程的,要坚持一段时间才能把原有的坏习惯改掉。

2.抄错草稿

很多孩子也会犯这样的错误,辛辛苦苦地在草稿纸上把题目做好了,却因为草稿纸上的记录太多,抄错了地方,导致整道题都没分了,白费了心血。

草稿纸只有这么小,而在考试中,需要思考的地方却特别多。比如数学,一道题甚至需要多个步骤才能完成,这也导致孩子往往把其他题目的步骤抄到这道题上。

那么这一问题该如何解决呢?

孩子可以在草稿纸上划分好区域,并且把对应的标题写在草稿纸上。

那么,在草稿纸上形成好思路后,就可以先看清楚标题号,再把自己的答案写到答题卡上,这样既能防止抄错,也方便自己检查。

3.书写错误

这也是孩子常犯的低级错误,比如,明明是"<"却写成了"=",还有正负号、小数点、字母、符号等书写错误。

这其实也是孩子粗心的一种表现形式,和上述的抄错草稿很相似,都是孩子不细心、没有做好检查导致的。解决的方法，就是要培养孩子细心的习惯，以及做完作业进行检查的习惯。

以上这三种类型的错题，都是可以通过改变孩子的坏习惯解决的。所以对于出现这类问题的孩子，就要着重培养细心、做完题仔细检查的习惯。

4.思路穿插

有些孩子做题时会出现这样的错误，想着这道题要如何解答，想着想着却穿插了另一个相似的知识点，从而将自己的思路都打乱了。这也是因为孩子知识点没有理清楚，没有掌握牢靠。

考试中有很多这样的题目，故意让这些容易混淆其他知识点的孩子掉入陷阱。

想要避开这些陷阱，孩子就要在每个知识点上下功夫，将这些知识点理解透彻，掌握相似知识点之间的区别。

5.自以为是地节省步骤

很多孩子觉得自己很聪明，为了提高答题速度，有时候会把一些自以为不重要的步骤省略，导致出现了错误。

每一个解题步骤都有存在的道理，而且全部写下来不仅可以让自己的思路更清晰，也方便之后的检查，还可以让判卷老师一目了然，哪怕做的题目有一点小瑕疵，也不会影响这道题的分数。

孩子要努力保证自己做出来的题目全部正确，如果只追求速度，节省了步骤，却把题目做错了，就得不偿失了。

6.没按照题目要求解答

孩子看到题目，理所当然地将自己的想法写上去，却忽略了题目本身的要求，导致失分。

总之，孩子不能仅仅为了改正错题而将错题整理到错题本上，还要归类分析错题的错误类型，从不同的角度寻找解题的方法，在这个过程中找到最适合自己的解题方法和思维方式。

错题本的三种类型与应用

1.错题本的三种类型

题目型，顾名思义，就是将所有错题的题目抄下来，做成一个全是错题的题目型错题本。

学科型，就是将各个学科的错题按照学科分开记录到每一个错题本上。

错因型，就是将所有题目按照出错的原因进行归类。

孩子可以根据自己错题的情况选择采取错题本的类型。并不是所有的错题都要记录到错题本上，因为这样确实很费时，可以将错题本和试卷结合。

比如，某数学试卷上的错题比较多，孩子可以先把错题进行分类整理，然后在错题上写出一段指引性的话语，再把试卷与错题本一同摆放，方便随时翻阅。

孩子也可以根据自己的习惯制作错题本，比如喜欢手写就可以选择直接摘抄，如果觉得手写太费时间，可以选择复印剪切等。

只要觉得这种方法对孩子的学习有更好的帮助，就都可以采取。

2.错题本的应用

(1)及时找出解题思路和方法

不要觉得错题本只是一种形式，只要做了就可以，实际上经常翻阅，错题本才真正地起到了作用。

错题本只是让孩子更直观地看见自己不足的地方。发现了这些地方，就可以想尽办法将这些缺口补全。

根据孩子做错的题目类型，去查找课本或资料，找到每道题包含的知识点，找到出错的原因，再重新思考出正确的解题思路。

在老师分析试卷时，孩子可以在自己做错的题目旁记录自己思考出错的点，过后再把原题做一遍，加深知识点印象，消化成属于自己的东西。如果这道题有多种解题思路，则可以用不同颜色的笔做好记录，让自己的思维更加活跃。

而对于自己十分陌生的内容和解题思路，就一定要想尽一切办法弄明白，可以请教老师或同学，然后自己反复练习，以掌握这些知识点的解题规律。

所有的思路都是一环扣一环的，只有把每一环都扣好才能应对试题的千变万化，"万变不离其宗"就是这个道理。

(2)出题法

这个方法对思维比较活跃的孩子会更加有效，出题法就是根据所学的知识点，自己给自己出题目。

出题的方法可以是模仿已有的题目，修改已知条件，又或者是将多个知识点结合成一个综合性题目，这对孩子思维的提升有很大的帮助。

在出题的同时，孩子就相当于把题目重新巩固了一遍，知识点也掌握得更加牢靠，这也是检验自己是否彻底掌握某个知识点的好方法。

最后，孩子可以对自己全部学科做一个错题结构图。

前面所提及的都是以单一学科为基础的。而当孩子把全部学科的错题分类总结在一起时，就可以直观地了解自己的综合情况，尤其是那些低级错误。

虽然每一个学科的知识点都不一样，可还是可以发现孩子在每个学科的错题有没有相似的出错情况。

第六章

父母要不断提升辅导质量

　　父母陪孩子写作业，不是陪在他身边就能有很好的效果。

　　父母更要提升自己辅导孩子写作业的质量，才能让孩子更有效地学习，攻克作业上的难题。

父母自身的文化程度低不是借口

一个孩子是否成才，与很多因素有关，比如家庭、学校、环境等。父母文化水平的高低，也会对孩子的学习道路有一定的影响，但这并不代表父母文化水平低，就不能很好地辅助孩子学习。

有很多父母在辅导孩子学习这方面觉得很无奈，因为他们都有一个相同的问题，那就是自己没有受过很多的教育，连孩子学习的很简单的知识点都理解不了，更不用说辅助孩子写作业了。

有些父母即使可以应付孩子在小学的学习，但到了初中可能就爱莫能助了，等孩子上高中后，父母更加没有能力去帮助孩子，只能为孩子报补课班。

父母的文化程度低也没关系，因为帮助孩子不仅仅体现在学习知识上，还包括陪伴、鼓励和监督，而且更应该注重学习方法的培养。

在孩子的学习过程中，父母可以给予孩子精神上的支持,给予孩子鼓励,这同样能让孩子学习得到进步。

所以父母不要再以自己的文化程度低为借口了,因为辅助孩子有很多种方式。

1.做孩子最坚强的后盾

很多父母觉得自己文化程度不高,在孩子学习的方面自己不仅帮不上忙,甚至会影响孩子。

所以,一看到孩子写作业,自己就赶紧离开孩子的视线,生怕打扰孩子。

其实父母并不需要采取这么极端的行为,你可以从其他方面让孩子觉得你在支持他。

比如,给孩子提供良好的学习环境,为孩子准备好学习用品,为孩子购买他需要的参考书,在做作业前为他做一顿可口的晚餐等。

这都是帮助孩子的方式,孩子能够感受到父母在默默地支持自己。

当然,父母尽量不要对孩子的作业有过多的意见。

你可以让孩子给你讲一下他是如何做题目的,了解他在做作业时的困惑,这样会让孩子感觉你很在意他、关心他,很愿意去了解他学习上烦恼的事。

2.少用父母的威严,多和孩子沟通

比如在提醒孩子做作业时,可以用沟通的语气和孩子说:"时间不早了,你是不是该做作业了?"而不是直接命令孩子:"马上关掉电视,立刻去给我写作业!"使用商量的语气,孩子就会感觉你很尊重他,他也愿意听你的话。

人与人之间的尊重是相互的,孩子也不例外。父母尊重孩子,孩子也会尊重你,所以父母要学会控制好自己的情绪,不要动怒动粗,多给予孩子尊重。

不过对于孩子的某些坏品行和坏习惯,父母还是要拿出自己的威严来教育他们,但不是直接用偏激的方式,你可以严肃地与孩子沟通,指出其严重性,要求其改正,并给予一定的惩罚。

很多孩子都特别反感父母翻看自己的书包和偷看自己的日记,这种行为其实是对孩子的不尊重。

父母和孩子的相处方式应该像朋友一样,平时多抽时间和孩子聊聊天,了解孩子学校的事情,而不是采取这种侵犯孩子隐私的行为。

孩子感受到了父母对自己的尊重和信任,他们就会越来越信任父母,把父母当成倾诉对象,不会什么事都自己藏着。

3.父母可以跟着孩子学习

"我不会教"并不是父母推卸责任的借口,对于低年级的知识,就算父母文化程度不高,也是可以理解的。

父母可以到网上寻找相关的课程,都会有很详细的讲解,只要认真看,基本都是可以看懂的。

这样父母就可以参与到孩子的学习当中。如果遇到问题,也可以和孩子一起讨论,如果不懂,还可以问问孩子,这也是一种相辅相成的学习方式。

父母也需要不断学习,与孩子共同进步。

父母可以通过读书、自学等方式,逐步提高自己的文化水平,甚至可以向孩子学习,这样也可以激发孩子对学习的兴趣。

遇到不懂的问题可以和孩子一起找资料,寻求解题方法,或者请教朋友,给孩子树立勤学好问的榜样。

如果孩子的知识水平已超过了父母,那么父母可以经常向孩子请教一些问题。

这样孩子不但可以巩固所学的知识,而且也会对学习产生一种责任感,因为他需要教自己的父母。

看到父母都在学习,孩子也会意识到,连父母都能这么认真地学习,自己再不努力就说不过去了。

4.就算不懂也可以检查孩子的作业

看不懂孩子的作业，父母也能检查作业。

这种检查不是要看作业的答案是否正确，而是要看孩子是否有认真地对待作业，字写得是否工整。有没有出现在作业本上乱涂乱画的现象，或者完成的数量和老师所布置的是否一致。

父母的仔细检查，也是在提醒孩子，让他养成认真谨慎的学习习惯。

父母是孩子的第一任老师，父母做的每一件事情都会潜移默化地影响孩子，父母可以通过自己的言行来培养孩子对学习的热爱。

5.向老师了解孩子的情况

父母虽然看不懂孩子的作业，但老师一定会了解他作业的详细情况。所以，父母可以通过与老师沟通，了解孩子的作业情况。

有的父母会觉得，既然有老师，就让老师全权负责孩子的学习，反正自己也不懂，那不如直接按照老师的要求来做。

这样的思想是错误的，老师有属于老师的责任，而监督孩子、了解孩子，这是父母的责任。

父母要认真地和老师沟通，仔细地听老师对孩子的评价和给自己提出的建议。

同时，也要将孩子在家里的表现反馈给老师，让老师能结合孩子的表现进行更好的教育，并向父母提出更加适合孩子的教育方法。

6. 文化不够，用爱来补救

父母要想办法和孩子做朋友，走进孩子的内心世界，多关心他的生活还有学习，对于孩子的缺点，要正面引导并鼓励孩子改正，千万不要刻意地在公共场合指责孩子，这只会让孩子反感，疏远和你的关系。

要让孩子多感受到父母对自己的关爱和支持，平常多和孩子聊天，不要总说关于学习的话题，或是父母对孩子的要求，尽量谈孩子感兴趣的事，就算不理解也不要打断孩子，有时父母只需要做孩子的最佳听众。

渐渐地，孩子会愿意和父母分享更多自己的事情，愿意拉近和父母之间的距离，这时再谈别的可能会容易些。父母可以利用吃饭时轻松的气氛，边吃边谈。

对正在成长中的孩子来说，好的习惯伴随一生。

培养孩子的时间观念，要求他们在规定的时间内完成学习任务，不拖沓，不偷工减料，做事专心，这些都是好习惯养成的方法。

孩子在写作业时要一心一意，不能一边看电视一边写作业，或者一边吃零食一边读书，三心二意只会一事无成，帮助孩子制订好学习计划，并督促孩子按计划完成。

给孩子的作业签字是父母的责任

很多老师都会要求孩子做完作业后，找父母给作业签名，没有签字就相当于没有完成作业。其实老师的目的是想要让父母监督好孩子是否有认真写作业。

签字的这种方式，可以让父母了解和关注孩子的作业情况，经过父母做好第一层把关，孩子作业的完成度和准确率就都能有一定程度的保障。

这其实是一个老师和父母进行配合来提升孩子学习效率的好方法。

而父母给孩子的作业签字，其实是对孩子的一种责任，不是随便签个字就完事的。

比如，有一位妈妈每次给孩子的作业签字都非常简单，就只是写一个"已阅"。时间久了，孩子就有了想要模仿妈妈签名的想法。

他把妈妈的字迹用纸临摹下来。每当自己的作业做得很糟糕，或者第二天需要抄袭作业的时候，就把临摹好的字迹再临摹到作业本上蒙混过关。

孩子都是很聪明的，他看到父母并没有对自己的作业上心，只是为了完成交代的事，随便签个名。孩子就会利用父母的这个心理，不认真对待作业，养成一些不好的学习习惯，而父母却浑然不知。

父母必须要注意，一定要看完孩子的作业，才能签字，而且是签自己的名字。

之所以要这样做，是因为有些父母总觉得签字很耽误时间，尤其是小学生的作业，对于父母来说，难度都不大，自然就觉得孩子肯定都能做对，自己看不看都无所谓，往往直接翻到最后一页，签个字就完事。

这其实是一种不负责任的表现，既然是老师交代的事情，就一定要把孩子的作业真正检查完，每一道题都看一看，然后才能签字确认。

尤其是老师在之前的作业给出的评语，父母要检查孩子有没有改正或者进步，在签字时及时反馈给老师。

而检查完了孩子的作业，就可以随便签字了吗？答案是否定的。老师想看的并不是父母叫什么名字，也不是要看父母写的字够不够漂亮。老师关心的是父母对孩子存在问题的看法，以及孩子在家中的表现。

所以，父母不能随随便便地签字，而是要将孩子的表现、存在的新问题，以及一些疑问都写在孩子的作业本上。

也就是说，签字这项工作是父母和老师进行交流的一个小平台，老师留下评语，父母也要给老师反馈，这样才能真正地做到家长和老师的配合式教育。

有的父母为了方便，会使用自己平时工作用的签名印章，直接在孩子的作业本上盖章，这种做法也是不合适的。因为这会给孩子更多"模仿父母"的机会。

所以既然是要手写签字和留下意见，那么父母就要空出时间来完成这个任务。

最后，父母还需要注意，对于在孩子的作业本上留下的评语和签字一定要认真，要尽量做到能让老师看清楚你写的内容，同时也让孩子知道你对他的作业很上心。

不要使用红笔签字，要一字一句地将你想要和老师交流的内容写到作业本合适的位置上。尽量做到内容简洁突出，不要写太多的废话，因为这是孩子的作业本，不是父母用来发表意见的地方。

父母提出的意见要中肯，不能刻意贬低孩子，否则孩子看了会觉得很失落，老师给出的意见要仔细斟酌，也不要太过夸赞自己的孩子。

也就是说，给孩子的作业签字，父母要认真严肃且冷静理智地对待，才是有意义的。

只有当你真心认同一件事时，这件事才会起到它应有的作用。

给孩子的作业签字这件事，有利也有弊。

草率地签字不仅不能提升孩子的学习效度，反而容易让孩子误认为作业是为父母写的，因为每次做完，都需要父母确认。

那为什么大部分老师还是会坚持这件事呢？

现在的学校，一个班级大概有50名学生，即使是小班也有25名学生左右，老师只有一个人，他没办法照顾到每一个孩子。因此，就需要父母积极地配合老师，监督好孩子的学习，而这也是父母的责任，所以才会采取给孩子的作业签字这种方式。

父母唯有真心配合老师做好这件事，监督好孩子的作业，才不至于让自己的孩子在班级中掉队。

一件事，要么不做，要么就做到最好。

父母既然接受了这项工作，就要为这项工作负责到底。

给孩子的作业签字需要注意5点

1.父母要端正自己的态度

父母敷衍地给孩子作业签字,不仅会给孩子带来不好的影响,也会影响老师对孩子的态度。

父母对自己的孩子都不关心、不负责,老师就更没有必要关心这名学生了。

在作业本上随便签一个"已阅"、随手用铅笔签名、盖印章等方式都是父母不负责任的行为表现。

父母要把给作业签字作为陪伴孩子成长的一种方式,用行动教会孩子认真对待自己的作业。

2. 让孩子自己检查后再给孩子签字

父母可以利用签字这件事,培养孩子自己检查作业的好习惯。父母在签字前,要让孩子将自己的作业重新检查一遍,观察孩子是否已经尽最大努力完成作业。

检查孩子作业的过程中发现错误时,不要直接指出,要引导孩子自己发现错误，让孩子养成认真检查作业的习惯。

作业没有错误，也可以向孩子提出疑问，引导孩子通过讲解来证明自己没有错而加深印象。

正式签字前，和孩子确认是否已经认真对待作业，是否可以让父母签字。让孩子明白作业是自己的事，要自己负责，父母签字只是辅助。

3.父母在作业上签字是为了教育孩子

父母在作业上的签字不仅是给老师看，最重要的是给孩子看，要通过签字教会孩子做人，特别是教会孩子尊重老师。

比如父母在签字时这样写道："孩子写作业有了很大的进步，谢谢老师的耐心指导！"孩子看了这样的签字，一定会更加尊重自己的老师。

虽然老师不会太在意父母对自己的赞美，却很在意父母对孩子的事情是不是重视，看到父母对待作业签字这件事的认真态度，老师也会觉得这名学生的父母十分配合自己的工作，会愿意在孩子身上花更多的心思。

父母对待孩子学习的态度，说明了父母对孩子的家庭教育是怎样的。

4.家长签字时,可以通过检查孩子的作业,了解孩子的学习情况

如何知道孩子在课堂上的学习效果好还是坏?就是通过孩子完成作业的质量知道的。

老师通常布置的作业有:预习新内容、课后练习和复习。孩子听课之后,掌握了多少知识点,理解了多少,都可以通过孩子的课后作业得知。

如果父母不检查孩子的作业,又如何知道孩子在学校学到了什么呢?

作业习题的对错,也反映出了孩子对所学知识点的掌握程度。

毕竟很多孩子的学习自觉性并不强,错题或者疑点不会主动去解决,这样错题就会继续错下去。

细心的父母在检查作业的过程中,就会检查出这种情况,这时候就可以帮助孩子纠正和解决难题。

也许第一次纠正,孩子还是不明白,但经过多次反复练习,孩子总能将知识点掌握好。

孩子的作业可以反映孩子的学习情况,只有负责任的父母,才会在检查作业的过程中发现孩子的学习态度和学习习惯中存在的问题,并在学习上给孩子积极的支持和帮助。

5.孩子对待学习的态度,可以从父母给孩子作业签字的态度上看出来

有些孩子为什么会无心向学?就是因为父母对待孩子的学习表现出的态度是无所谓的。

有些父母从小就对孩子的学习不在意,孩子喜欢就学不喜欢就不学,怕孩子苦和累。这些通过孩子的作业就能很好地反映出来,字迹潦草,作业马虎,不按时完成,甚至抄袭。

有些父母对孩子要求非常高,每天除了让孩子完成作业外,还要看各种课外习题资料和去上各种辅导班。

有些父母给孩子设定的目标太高,经常给孩子施加压力。孩子因为长期处于这种高压环境,得不到父母的肯定,更多的只有责怪,就会厌学,甚至逃学。

有些孩子的成绩为什么总是原地踏步或者倒退呢?

对老师讲的课堂知识点没有理解透彻,在这种状态下做作业,错题自然就多,考试成绩自然也不好。

学习方法和学习态度不正确,做作业时,遇到不懂的题目就选择逃避,不愿意思考和解决难题,不愿意在书本上查找答案,也不愿意请教老师和同学,对错题不及时改正,下次遇到同样的题型还是一错再错。

学习好的孩子,都会有良好的学习习惯和学习态度,主动学习,愿意思考和解决问题。

良好的学习习惯和学习态度,与父母对孩子自小的培养和长期的坚持有着莫大的关系。

无论陪孩子学习还是检查作业、签名,都是父母积极参与孩子教育,以及配合老师教学工作的表现。

要求检查作业和签字的老师,都是对学生负责任的好老师。积极检查作业并签字的父母,都是有责任心的好父母。

每一节课的教学和课后布置的练习作业,都是每位老师用心做出来的,承载着老师对孩子学有所成的期望。

教育,不仅仅是学校和老师的责任,同样也是父母的责任。最好的教育就是家庭与学校的共同配合,老师希望父母配合,督促孩子认真学习和完成作业。

这些其实都是很简单的事情,如果父母不认真去做,敷衍了事,或者因为会耽误自己的工作而怪罪老师,父母这些不良的态度,会直接影响到孩子。所以,父母应该和孩子共同营造良好的学习氛围,让孩子保持最好的学习状态。

低年级的孩子需要父母帮助培养良好的学习习惯。

父母对孩子的阅读习惯、思维方式、学习方法、学习态度进行引导,培养孩子主动学习和积极解决问题的习惯。

高年级的孩子,虽然不再需要父母陪伴学习,但在孩子学习时,父母也应该给孩子树立榜样,比如可以在一旁看书、看报纸或者工作，在家里营造一个良好的学习氛围，就是对孩子学习上的最大支持。

已经养成良好的学习习惯的孩子，他们在完成作业后，会很自觉地把作业检查好，给父母检查和签字。

因为孩子知道父母给予自己的帮助和鼓励，也懂得老师的辛苦付出和对自己的期望。

重视老师在作业本上注释的错误

很多孩子认为，写完作业就完成任务了，可以尽情地玩儿了。老师对自己作业的批改，他就当没看见。

作业确实是完成了，可是完全没有达到检验学习的效果，同样的错误还会一而再再而三地犯。

一个孩子放学后抓紧写作业，写完后刚想要去和同学玩儿，就被爸爸叫住了。

"作业写完了？"

"写完了。"孩子很爽快地回答。

爸爸继续说道:"拿给我检查一下。"

爸爸仔细地看了一遍当天的作业,孩子的确完成了。可是翻看了前几次的作业,发现有很多老师标注的错误没有改正,就问孩子:"怎么前几天的作业还没改呢?"

孩子:"老师没有要求我一定要改。"

爸爸弯下身来对孩子说:"做作业不是做完就可以了,老师布置作业是为了检验你对知识的掌握程度。你有错题,就证明这个知识点你还没有完全掌握,所以才更需要改正,这样才能真正学会这个知识点。"

孩子觉得爸爸讲得很有道理。

在爸爸的指导下,孩子很快就把以前的错题改完了。

孩子之所以忽略了老师批改回来的作业,一部分原因是想偷懒,还有一部分原因是不知道老师批改作业的意图。因此,父母一定要让孩子正确看待老师的批改。

1.让孩子重视老师的评价

老师在批改完孩子的作业后,一般会留下中肯的评价,会鼓励孩子,也会指出他的问题。

因此,父母一定要让孩子认真对待老师的批改评语,并和孩子一起分析,告诉他哪些地方需要改进,哪些优点要继续保持,以此鼓励他继续努力,同时弥补自己的不足。

2.鼓励孩子积极改正错题

父母要告诉孩子，写作业时犯错误没有关系，但是错误一定要改正，这样才会有所收获。

如果孩子忽视这些错误，那么他就永远也不知道犯错误的原因，就会一直犯同样的错误。

这样做作业，学习的目的不仅没有达到，还浪费了很多宝贵的时间。当孩子明白改正作业的重要性后，自然就不会再忽视错题了。

此外，当孩子的作业出现错误的时候，父母一定要督促孩子在做新作业之前，把以前的错误改正过来，然后再做当天的作业。

3.检查孩子是否有漏题的情况

"漏题"是孩子，尤其是低年级的孩子在考试，或者写作业时经常发生的事情。

所以，父母要教导孩子在答完试卷或完成作业后，一定要仔细地检查一遍，查看下是否有漏题，如果有一定要及时补上。

检查的时候最好按顺序检查，这样更利于发现漏题。在日常生活中，家长也可以通过一些方法，让孩子改掉漏题的坏习惯。

第一，培养孩子的读题习惯。

最简单的方法，就是要求孩子在做题的时候，用尺子或草稿纸先盖住下面的题目，逐行看题，一行一行地看下去，避免看漏。

第二，家长监督孩子的阅读。

孩子看各种书籍时，家长最好鼓励孩子读出来。

学校里老师布置的给家长朗读课文的作业，一定要重视。如果孩子在朗读文章时，经常出现漏读、跳读的情况，那么他在做作业的时候，可能也会犯同样的错误。

家长可以要求孩子一字一句地把课文朗读清楚，宁可让他读慢一点，也不要漏读、跳读。从而慢慢改正孩子漏题的坏习惯。

第三，培养孩子爱检查的习惯。

把以上两点习惯做好了，一般就可以避免大部分的漏题了，但是免不了有漏网之鱼，所以保险起见检查也很重要。

每次做作业或是考试，家长都应该反复地提醒孩子，记住检查试卷。家长可以说，检查了就有什么样的奖励，用奖励唤醒孩子对于检查的记忆。

第七章

不吼不叫陪孩子完成作业

很多家长不谈作业的时候都是慈父慈母，一到孩子做作业的时候就是"河东狮吼"。

一些心理承受能力较差的孩子，如果经常受到父母的大声吼叫，那么就有可能产生较大的恐惧感，自尊心也会受到伤害，时间一长就会造成性格上的缺陷。

那么，如何才能不吼不叫地陪孩子完成作业呢？

大吼大叫，孩子伤害很大

自从有了孩子，很多父母就养成了大吼大叫的习惯。孩子不听话立马就吼，只有这样，孩子才会乖乖听话。

尤其是在陪孩子写作业的过程中，父母动不动就对孩子大吼大叫。其实在吼完之后，父母马上就后悔了，感觉自己对孩子太凶了，但是下次还是会悲剧重演。

我们的吼叫其实对孩子有很大的负面影响，这些变化短时间内很难看出来，时间长了就显现出来了。父母一次又一次的吼叫，会给孩子带来哪些伤害呢？

1.容易造成孩子性格缺陷

孩子的性格与父母的行为息息相关，如果我们经常对着孩子怒吼，孩子难免会受到惊吓。

尤其是比较小的孩子，在父母突然的怒吼下，会打战、发抖。长时间如此，孩子的性格慢慢变得胆小、自卑和内向。

父母是孩子最信任、最亲密的人，如果你们经常对孩子大吼大叫，可能会让他们怀疑或否定自己，使得他们慢慢失去安全感，从而做事变得小心翼翼，习惯性看别人脸色。

父母吼叫孩子，本来是想让孩子更加听话，在写作业这件事情上，做到更高效、更完美。可是吼叫只能暂时让孩子达到父母的要求，长期受到吼叫，孩子会越来越压抑，写作业也会越来越磨蹭。

对于父母而言，吼叫或许只是 1 分钟的事情，但对孩子而言，其伤害可能是一辈子的。

久而久之，孩子只能以"不说话"来回避伤害。如果孩子"打不哭骂不语"，我们就应该提高警惕了。

2.父母越吼，孩子越叛逆

心理学上有一个名词叫"超限效应"，是指当一个人受到的刺激过多、过强或作用时间过久时，内心就会极为不耐烦，甚至滋生出逆反的情绪，这样就会出现事与愿违的效果。

其实，这种现象很好地解释了为什么有些父母在教育孩子时，吼得越大声，孩子越不愿意听。

站在孩子的角度看，父母的第一次吼叫，或许会让他们屈服于权威，乖乖听话。父母习惯成自然，以为吼叫对孩子起到了震慑作用，于是每次无论遇上什么事，只要孩子不顺自己的心意，父母就对孩子大吼大叫。

慢慢地，孩子习惯了这些刺激，产生了"免疫力"，不仅不会被驯化，还会挑战权威，故意做出叛逆之举，让父母生气。这种表现，尤其是在青春期最为明显。

3.影响父母与孩子的感情

对孩子吼叫可能会暂时解决问题，但这也在孩子心中钉了一颗钉子。孩子会在父母的吼叫中，渐渐地丢失对父母的信任，即遇到什么问题都不愿意向父母倾诉。

在孩子上学时期，父母可能感受不到吼叫对自己与孩子之间的感情有什么影响。但是当孩子成年之后，你就会发现逢年过节，孩子不愿意回家与父母一起吃饭、说话，平时打电话也是冷淡疏离的样子。

父母可能觉得小时候吼一下孩子，不至于对孩子造成什么伤害。恰恰相反，童年遭受到的创伤会直接影响孩子未来的发展，如果孩子小时候就丢失了对父母的信任和爱，那么长大后就会与父母疏远。

4.阻碍孩子发展社交圈

孩子在成长过程中，会不断地结识新朋友，融入新圈子。经常被吼叫的孩子因为性格胆小内向，不会主动发展社交圈，这就导致他只会和熟悉的那几个朋友玩儿。

一旦孩子熟悉的朋友离开，他就会孤立无援，不知道怎么跟人相处，与人沟通时更容易发生交际障碍。父母就像孩子的一面镜子，你是什么样的，孩子就会变成什么样。

根据心理学家多年的研究发现，孩子7岁以前的性格形成与其原生家庭密切相关，生活中父母的教育态度对孩子的性格起着关键性作用，尤其是与孩子相处时间最多的母亲，影响最大。

如果父母脾气暴躁，凡事都喜欢大吼大叫，不会好好沟通，那么孩子也会养成这种性格，将来的沟通能力同样很差，这对他们未来的人际交往是极为不利的。

那如果父母控制不住情绪吼叫了孩子，该怎么办呢？有没有什么补救的方法呢？

下面介绍几种方法供父母参考。

(1)放下身段，去安抚孩子

一旦我们大声吼了孩子，我们就应该立刻冷静几分钟，待到情绪平复后，蹲下来，试着去抱抱你的孩子，告诉他："我虽然吼了你，但我对你的爱一点儿都没有减少，下一次，我一定努力控制自己的情绪。"

(2)引导孩子表达情绪

情绪是有能量的，父母吼孩子，传递给孩子的是负能量，孩子感到恐惧，就会用不说话来抗拒这种能量。

但实际上，很多孩子没有消化负能量的能力，长期不说话，只会让负能量积压在心里。

这时，父母要心平气和地引导孩子说出心中的真实想法，教孩子学会表达情绪、排解情绪，并郑重地和孩子保证：这只是情感的交流，不是对错的纠正。

(3)接纳自己的不完美，也接受孩子的不完美

每个人的内心深处都住着一个"完美小孩"，我们试图照这个标准，来教育自己的孩子，让他按照自己心中的那个样子生活成长。吼孩子，其实是父母对自身的一种不接纳。

一个人最大的成功就是学会管理自己的情绪，当你能够忍住怒火的时候，你会发现这个世界很美好，孩子也很乖。所以，为了孩子，家长们应该学会控制情绪，不要再对孩子大吼大叫了。

对孩子吼叫，可能是迁怒

大部分家长陪孩子写作业的时间都是下班之后，劳累了一天，看见孩子还不自觉写作业，火气一下子就上来了，所以就对着孩子大吼大叫。

很多家长都说："吼叫之后，感觉特别痛苦，我也知道对孩子大吼大叫是没有用的，可我就是控制不住。"

各位家长，你到底是因为孩子不听话吼叫，还是因为通过吼孩子可以发泄自己的不满呢？

父母陪孩子写作业，之所以容易大吼大叫，往往是因为以下这几点。

1.孩子写作业太慢

家长看到孩子的作业时，会主观地认为完成这些作业，并不需要很长时间。但是家长没有考虑到孩子的书写速度和认知水平，因此孩子写作业的时间很容易超出家长的心理预期。这时，家长就会大动肝火。

其实，孩子写作业并不慢，只是父母觉得慢了。

陪孩子写作业，并不是从孩子拿出作业那一刻开始的，而是从孩子放学之后就已经开始了。

家长如果能做到接送孩子，最好在接孩子放学的路上，聊聊日常，允许孩子在路上放松心情，看一看风景，或是给孩子买一些解馋的零食。

总之，放学路上，尽量做到让彼此心情愉快。

回到家后，让孩子自行选择写作业的时间，是先写作业再吃饭，还是吃完饭再开始写作业。

在孩子做出决定后，家长就要坚决遵守这个时间，不能在孩子写作业的中途，催促孩子吃饭，也不能在孩子吃饭时，催促孩子快点吃，吃完了快点写作业。否则，孩子会因为赶时间，既没吃饱，又没心情写作业。

开始写作业前，家长可以帮助孩子梳理如下内容：每门课程的作业是什么？大概多长时间能完成？孩子想先做哪一科的作业？

家长需要充分考虑孩子的实际能力，如果你觉得这些作业自己半个小时就可以写完，那么给孩子预留的时间就要比这多30～60分钟，也就是孩子写完这些作业可能要一两个小时。

当家长想发火时，估算一下孩子写作业有没有超过一小时。如果没有，可以默默地对自己说，孩子还小，写作业用这个速度是正常的。

这样，就能有效地抑制大吼大叫的冲动。

2.孩子耽误了父母的时间

现代都市节奏日益加快，家长们的工作也愈发忙碌，几乎没有停歇的时候。

如今，无论是爸爸还是妈妈，很少有全职在家带孩子的了，大多数家长都拥有自己的工作。

晚上下班回家，父母陪孩子写作业时，可能心里是十分不耐烦的。

我的一位朋友，就曾经在陪孩子写作业时，失控地大吼："妈妈的时间特别宝贵，如果你再不好好写作业，我就不陪你了，省得浪费时间。"

如果你是孩子，听到这些话会怎么想？

这位妈妈的言语中，都在向孩子传达"陪你写作业是在浪费时间"的信息，而且还带有要挟的意思。

再小的孩子接收到这些信息，也会觉得委屈、伤心，就更加不会朝着家长期望的方向努力了。

因此，家长在陪孩子写作业时，最好不要紧盯着孩子的作业本。

如果一直看着孩子书写，只要孩子犯一点小错误，或是稍微写慢了一点，家长心里就会产生不满，随着孩子所犯的小错误不断增多，家长的不满也会慢慢累积，最后就会一下子爆发出来。

而且，家长盯着孩子的作业本，也会让孩子心里有压迫感和紧张感，如此一来，就更容易出错了。

有的家长想：我不盯着他写作业，那我在一旁处理工作不就好了？

其实,在孩子写作业时,用手机或者电脑处理工作,更容易着急和发火。

因为工作对家长而言,本来就不是什么愉快的事情。如果在工作中遇到困难,或是在客户、领导那里受了气,心里就更加难受了。这时,无论孩子犯的错误有多小,都会点爆家长的怒火。

家长陪孩子写作业时,遇到一定要处理的事情,一定要离开孩子,要不然,会分散孩子的注意力。

既然不可以紧盯着孩子的作业本,也不能处理工作上的事,那么家长陪孩子写作业时,能做些什么呢?

家长可以选择看书、练字或是做一下日程计划,这些事情不会影响心情,反而还会让人平静下来。

3.孩子不努力

虽然很多家长都知道,不能拿自家孩子和其他人比较,但是心里依旧忍不住会想:为什么别人家的孩子写作业从不用家长催促,还能做到字迹工整、准确率高。

还有的家长会在心里拿孩子与当年小时侯的自己做比较,这一比较,就增加了自己对孩子的期望和要求。

而且家长会觉得现在自己每天打拼,活得那么努力,有一部分原因是为了孩子,但孩子不懂珍惜,完全没有继承父母努力的品质，反而对学习、作业表现出懒散的态度，这就让家长更加恼火。

对于这种情况，家长应该要认识到，每个孩子都是独一无二的，我们要善于发现孩子的优点，多多站在孩子的角度看问题，试着去理解孩子，友好沟通，切忌把自己的负面情绪迁移到孩子身上。

需要强调的是，我们不赞成吼孩子，并不是让家长丢掉家长的权威。孩子的习惯培养和行为塑造，需要家长不断的提醒和督促。

父母保持良好的状态，是教育好孩子的基本前提。

用三个步骤代替大吼大叫

家长在每次陪孩子写作业的过程中，总是很容易产生负面情绪，这些情绪基本都是家长在处理孩子的问题时，效果不如预期而产生的副产品。很多父母被情绪控制，把大吼大叫当成解决问题的方法。

遇到孩子不听话的情况，就发火、责骂甚至惩罚，以为这样就可以给孩子震慑从而让孩子听话，其实这不但无法从根本上解决问题,还会破坏亲子关系,造成孩子抵触、抗拒、不配合的情绪,然后陷入恶性循环。

因此,解决孩子的问题,要先解决家长情绪的问题。

有的父母觉得自己天生就爱发脾气,根本控制不了,其实我们的情绪是可以调节的。

当你想要对孩子吼叫时,可以试试这三个步骤。

1.舒缓怒火

舒缓怒火的方法有很多,比如以下几种。

(1)数数

当家长感觉自己的情绪即将要爆发时,可以在心里默数10个数字,一边慢慢地数一边有意识地提醒自己要理性,避免脾气爆发。

在你从10倒数到1这个过程中,情绪也会慢慢平复。

(2)深呼吸

如果数完了10个数字,你还是忍不住想大声吼叫孩子,那么在稍微克制住自己想发脾气的行为后,可以做几次甚至是十几次深呼吸,用来缓解自己紧张的神经。

深呼吸能有效地让我们冷静、放松下来,而且家长在做深呼吸时,孩子也会察觉到父母正在竭力控制不满的情绪。这时也许不用家长大吼大叫,孩子就会收敛当前的行为,变得乖巧听话。

(3)喝杯水

当你无法从心理上说服自己冷静，控制不住想要争吵、责骂的行为时，可以先从孩子身边离开，给自己倒一杯温水，帮助自己先从生理上平和下来，也给自己的大脑片刻缓和的时间。

2.清晰表达

家长可以控制自己不吼不叫后，就要考虑摆在面前的困难如何解决了，比如家长因为孩子写作业时字迹潦草而发火，那么家长平静下来后，就要开始针对"字迹潦草"这件事情，思考解决方案。

我们经常会遇到这样的情况：孩子写作业字迹潦草，家长要求他写好看一点，孩子就慢吞吞、一笔一画地写。这时候，家长又发火，让孩子快点写，速度一加快，孩子的字迹又变得潦草了。

其实在这种情况下，孩子已经按照家长的要求去做了，家长就不要苛求孩子完美了。所以，家长要让自己学会用没有伤害的方式表达情绪，并清晰地表达自己的要求。

我们可以这样对孩子说："我希望你把字写得端正、漂亮，但又希望你能写快一点，不要慢吞吞的，你能做到吗？"

孩子听明白了你的期望，他就会努力去做，就算做不到完美，也不会让你失望。

当我们想对外表达自己情绪的时候，会习惯性地用"你"开头，这样特别容易陷入指责和评判中，即使是赞美，以"你"开头，也不容易让孩子真地理解你的感受。

所以，我们在表达时，可以用"我"代替"你"。

比如，当你想对孩子说"你太不听话了"的时候，可以改成"我感觉非常生气"。又或者夸奖孩子时，可以把"你真棒"替换为"我真的为你感到骄傲"。

很多人习惯用"你"的方式表达，这表明我们正在用自己权威的视角去判断孩子，同时也忽视了自己的感受。

家长可以多试试以"我"开头表达情绪，也可以试着和孩子玩一个"只说我，不说你"的游戏。

当我们和孩子什么事情都用"我"开头，过程中不评判对方时，慢慢地，你和孩子间就彼此学会了表达自己的心声，也能够学会倾听对方的感受。

想做到清晰表达，主要有以下几点。

（1）就事论事

家长恢复理智后，可以和孩子就事论事，不是一顿唠叨和抱怨："你为什么就不能专心写作业，橡皮和尺子有那么好玩儿吗？"

我们应该用简单、明确的语言告诉孩子你看到的问题，不夹杂情绪和埋怨，坚定而平和地说："我看到你玩橡皮已经10分钟了，你打算什么时候结束，开始好好写作业？"

(2)清晰地说明你的诉求

有一位妈妈，每天都按时下班，就为了能陪孩子写作业。但是她的孩子并不希望家长在旁边盯着自己写作业，所以就提出让他独自写作业的请求。

这位妈妈顿时火冒三丈："我天天不午休，赶着把工作做完回来陪你写作业是为了什么？要不是因为你写作业又慢、错误又多，我需要盯着你写作业吗？"

孩子的一句话，能让家长涌起各种委屈，甚至会围绕"自己为了养育孩子，过得有多辛苦"这件事情唠叨半天，却不直接表达要让孩子做什么，她才能消气。

很多父母和孩子吵架、闹矛盾，都是因为小情绪的积压，不愿意把自己的真实感受与诉求及时表达出来。

其实这位妈妈也觉得每天赶回来陪孩子写作业很辛苦，但她又放心不下，自己如此劳累，孩子还不懂珍惜，她的心里就更加难受了。

如果她能心平气和地与孩子沟通，告诉孩子如果不想让妈妈在一旁盯着他写作业，那么你就需要又快又好地完成作业。孩子为了达到独自写作业的目的，一定会按照妈妈的要求去做。

这样，妈妈既不用那么辛苦，孩子又能完成作业，岂不是两全其美？

(3)用"要做"替代"不要做"

有时候不是孩子不听话，是我们给的信息太多，又是发脾气、宣泄情绪，又是不要做这个、不要做那个……弄得孩子都不知道哪句是气话、哪句是要求。

如果你让孩子改变自己的行为，请清晰、明确地表达你期待他做什么，而不是一直说不要做什么。

比如过马路的时候，你担心孩子的安全，不要说"你不要乱跑"，而是说"过马路的时候，你要紧紧拉着妈妈的手"，用后者的方式说话，孩子才能清晰地知道行为的导向，而不是只记得妈妈一直发脾气。

3.心理暗示

真正的情绪管理，不是一个"忍"字，如果我们想从根本上控制情绪，那么我们就要在日常生活中下功夫，不让自己忍耐和积压不满，小情绪会表达，大脾气才不爆发。

面对孩子，有时候我们的情绪像坐过山车一样，起伏不定，但是通过不断的修炼，相信我们最终会平和地解决问题。

因此，我们可以时常给自己一些心理暗示。

（1）孩子也是人，他们不可能永远都听话

孩子也有自己的情绪和想法，换位思考一下，当你犯错时，难道就能心平气和地接受别人的大吼大叫？

（2）家长无法控制孩子的行为，但可以控制自己的情绪

就连大人都无法忍受总是照着别人说的去做，怎能奢望孩子事事都跟我们心有灵犀？

当孩子不听话时，暂时走开，冷静过后再用新方式沟通，会比不断吼他更有效果。

（3）狂吼无用

大吼大叫只会让场面失控，况且孩子也听不清楚你在吼什么，胆子小的孩子可能还会忍不住哭起来。

（4）不再错过重要的亲子时刻

孩子写作业写到一半，突然停下来喊你，你可能以为他是想问你问题，或是想上厕所、喝水。

这时，如果你按兵不动，可能会有意外惊喜——他喊你，可能只是想撒娇，跟你说"我爱你"或"猜猜我有多爱你"之类的甜蜜告白。

但你如果马上怒斥一句："还不写作业,看我干什么?"不但没有惊喜,还会让孩子心碎。

(5)善用"还好""幸好"和"至少",让怒火转弯

忍住不吼孩子真的很难,当你怒火攻心时,不妨用"还好""幸好"和"至少"给自己一个积极的心理暗示。比如,当孩子打翻牛奶时,你可以在心里想:幸好不是玻璃瓶。

(6)问题不是出在孩子身上,而是出在自己身上

虽然这样想可能会让自己不太舒服,但请扪心自问,当你濒临失控时,是不是因为心情不太好,一堆代办事项逼得你快发疯。工作很忙,身心疲惫,而眼前这搞不定的孩子就是压倒你的最后一根稻草?

如果是,下回快要对孩子吼叫前,要在心中对自己精神喊话:"你是因为今天提案没过又进度落后才觉得人生灰暗,你需要去吃大餐、做SPA,你不是真的跟孩子生气,不需要大吼大叫。"

(7)把自己照顾好很重要

你总是照顾别人忘了自己,你对孩子的耳提面命:早点睡觉、多运动、多吃蔬果,也正是你所需要的。

留点时间和自己的好友聊天、做自己喜欢的事,经常这样"小宠自己"会让你比较放松、心情愉快、容忍度提高,遇

到突发状况也更容易冷静。

(8)不吼不叫，心情才能愉快

当你不再怒吼时，你会觉得"一切都在掌控之中"，因为你没有失控。

你和孩子会有更多机会彼此了解，孩子也会因为你不再轻易生气，而变得更加开朗活泼。

"自然后果法"能减少吼叫

对孩子大吼大叫，相当于通过父母权威，逼迫孩子服从命令。然而，对于大多数子女，特别是双职工父母的家庭，想要通过强权来管教孩子学习，不仅无效，还会对孩子造成伤害。

现在很多人都熟知西方儿童心理学的奠基理论——自然后果法，指的是让孩子体验自己行为的后果，给他一个真实的学习机会，从而激发他们的健康行为，而不是把家长的意愿强加在孩子身上。

比如，孩子早上拖拉不肯起床的自然后果，就是迟到；

正餐不肯好好吃的自然后果，就是饿肚子等。

然而，在实际生活中却很难实行。但这并不是因为"自然后果法"不好用，而是我们的方法不对。

如果能正确运用"自然后果法"，家长就可以成功解决绝大多数的儿童行为问题。

1.语言威胁会影响"自然后果法"的效果

在使用"自然后果法"时，父母会习惯性地犯一个错误，就是夸大，或者唠叨，不停地重复所谓的自然后果法。

比如"你再不吃晚饭，那就饿着吧！收了桌子后，今晚什么都不会给你吃。""你再不做作业，就等着被老师骂吧！明天到学校，看你怎么跟老师交代。"

在这些充满威胁的语言里面，我们把所谓的自然后果变成了权力之争。孩子在里面听到的可不是什么自然后果，而是家长企图把控一切的控制欲。

无论这所谓的自然结果最后有没有发生，都不可能激发孩子的正面行为。如果孩子最终没有饿肚子、没有迟到难堪、没有被老师批评，那么家长的话就可能被长期定性为"恐吓性耳边风"。

而如果这些后果真的发生了，孩子也会把这些原本的自然后果，定性为你对他的惩罚，从而引发怒气和对抗，而不是正面行为。

因此，家长在使用"自然后果法"时，千万不能使用语言威胁。对于孩子清楚的后果，不需要说；对于孩子不清楚的后果，只需要提一次就够了。

孩子不回应你的提醒，并不是因为没有听见你说什么，而是因为他不想执行。

比如，你想让孩子体验不按时完成作业的自然后果，可以在孩子只顾着玩，不写作业时，提醒一句："你还不写作业，睡觉前能写完吗？"

如果孩子不当一回事儿，还在继续玩，这时请你忍住什么都不要说，自己该干什么就去干什么，甚至可以故作休闲地看一会儿电视，玩一下游戏。

直到孩子开始做作业，才停止手中的事，去陪伴他。他如果写不完，就不要继续陪他，让他知道写作业是自己的事情，而不是父母的事情，后果要自己承担。

如果他一直不写，也不要冲他发火，只要像平时一样，按时洗澡睡觉，第二天送他到学校，让他体会因为没有做作业，而被老师责骂的后果就可以了。

我们反复的提醒或夸大根本没有意义，只有当孩子发现，家长不再给他的作业负责、没有控制他必须完成作业的时候，才可能滋生出自己要负责的思想。

平静地让后果发生，首先需要家长放下"让孩子完美地做好每件事"的执念。

每个人都会犯错，但极少有错误会变成大灾难。很多时候，我们并不知道自己的行为是错的，直到出现结果，我们才知道那是个错误。

只有我们放手，孩子才有可能意识到什么是自己希望成为的样子，进而产生自律。

2.家长可以自行设计合理的逻辑后果

经过推敲，我们可以发现，并不是所有的行为都能允许自然后果，比如孩子自己跑到马路上，会有被车撞到的危险，家长当然不可能静待自然后果的发生。

同时，有些行为的自然后果需要经过很长时间才会有反馈，当下很难看出端倪，比如挑食、吃零食等行为。这个时候，就需要家长自行设计合理的、可短期兑现的逻辑后果，并且平静而稳定地执行。

比如家长额外给孩子布置的作业，在睡觉前没有完成，那么也可以放在周末补；而在周末的作业没有完成的情况下，就不安排任何出门游玩或小朋友聚会的活动，即便有事先安排好的活动也只能取消。

惩罚和后果的区别，只在"合理逻辑"这四个字而已。

3.自然后果法不是对孩子放任不管

初次尝试自然后果法的家长,可能会陷入"我还要不要管孩子"的纠结中。有些家长觉得静待后果发生,就是什么都不管,让孩子尝到苦头了,孩子自然会改。

那么,万一孩子对于事件所产生的后果有了"抗性"怎么办?自然后果法与"散养"孩子有很大的区别,自然后果法是家长与孩子共同制订一些规则,然后一起遵守。

所以,自然后果法不是对孩子放任不管,而是在规则允许的范围内,给予孩子一定的自由和选择权利。

一切的教育,都要把爱放在大前提上。

父母的爱是无条件的,没有一种自然后果会跟父母的爱挂钩。因此,也没有一种自然后果,叫作爸爸/妈妈不理你了、爸爸/妈妈不喜欢你了。

孩子犯错了,或是没有按照预期情况进行,我们虽然会平静地让自然后果发生,但不会表示不满和抱怨。当孩子为自己的行为,而承受了苦果,虽然我们会忍住不去帮孩子收拾残局,但也绝不要冷言冷语:"谁叫你不听,都是自找的吧!"而是要给予理解和共鸣。

陪孩子一块儿成长

我已经从理论层面分析了好父母如何陪孩子写作业，现在我把自己在育儿过程中所走过的路及所思所想跟大家分享，希望能够帮助大家更清晰地看到一个母亲的成长历程。

你是检察官还是好伙伴?

新时代背景下,陪伴孩子写作业已经与过去大不相同。

坦率地说,我也曾走过很多的弯路。

我出生于20世纪80年代初,在我小的时候,我父母非常重视家庭教育,他们给予了我很多的培养和呵护。但在写作业这件事情上,从幼儿园到大学毕业,他们从来没有检查过我的功课。

儿子出生后,我本着"三岁看大七岁看老"的原则,在儿子学龄前教育时就开始铆足了劲儿。

从胎教开始,儿子就进入了家庭教育的学习当中,还不到一岁就开始了早教。三岁时他比同龄孩子优秀很多。

上小学之前,他就已经顺利地完成了2000本绘本的阅读,还能够准确地认读4000个汉字。

在逻辑思维和数学方面,我也为他做了一定的训练。

这样的教育,丝毫没有影响到孩子的性格,他积极阳光、乐观向上，让我仿佛看到了他未来优秀的样子。

基于这样的基础，我觉得进入小学，就应该把他交给老师，他需要在集体中去拼搏，去获得自己的好成绩。

在儿子6岁之前，我做了充分准备，因此他在刚上小学的时候表现非常突出。

比如，他的语文老师告诉我：这个孩子的思维发展得非常好，语文表达能力也很强。

很多孩子没有阅读和思维训练的基础，所以表达时一句话要分几次说，而我的孩子可以用一长串的话去表达清楚一个意思，并且逻辑关系非常缜密。

孩子的数学老师说：这个孩子是班上数学思维能力最强的。老师甚至建议孩子学习奥数，拓展孩子的思维，增加他对数学的敏锐的理解能力。

老师们一致认为，孩子的表现和家庭教育积累的成果分不开，我也很荣幸地成了家长中的活跃分子、老师的好帮手。

当你读到这里的时候，你肯定会觉得我儿子非常棒，以后的小学生活会一帆风顺，不再需要父母操心。

的确，我当初也是抱着这样的想法的。

可是让我万万没有想到，在孩子入小学一段时间之后，我跟他发生了严重的冲突。

那时候，我对儿子有很高的期望，在他上小学之前也做了许多的努力和准备，我认为他到小学后可以更好。

我认为我付出了这么多，他是应该出类拔萃的。

如果他没有做到，那就是他不够努力。

所以儿子在做作业时，我并没有去守候、陪伴他，而是充当了一个检察官的角色。

他做完的作业我从来不签名。如果老师让签，我就会告诉他："你自己已经检查完了，对吗？好，我来签字，那么你要对这个签名负责任。"

语气中带着要求与指责，他一旦犯了错我就会用指责的口气来跟他说话。

整个过程中，我充当的是一个检察官、监督者的角色。反观我的女儿，比儿子小6岁，对于她，我已经有了足够的经验来培养。

女儿是一个天生忧郁型特质的孩子，非常敏感，小的时候特别爱哭，一点点事情就闹情绪，可以哭半个小时，简直让我抓狂。

我爱人甚至说这孩子是不是精神上有一些障碍，是不是需要去看精神类的医生。

做了这么多年的幼儿教育，我当然知道，这只是女儿的性格特点，并不是什么神经质。所以我带着无限的爱和包容来养育这个孩子，而她也像是一朵玫瑰花，在我的爱当中慢慢地绽放。

女儿和儿子一样，在小学之前，认识了2500个汉字，完成了3000本绘本类书籍的阅读，她非常轻松地进入了小学阶段。

升小学后，我给女儿的是充分的陪伴。

虽然她刚刚读完小学一年级，但我能感受到她是热爱学习的，并且非常享受学习的成果。

在这个过程中，只有我心里明白，为什么女儿和儿子有所不同，是因为我的态度发生了变化。

在儿子读书的时候，我把陪伴孩子写作业当成了一项非常讨厌的任务，我的心中是不接受的，甚至想着这明明应该是老师该做的事儿，为什么要家长来做？每个家长都那么忙，哪有那么多时间做到事无巨细地陪孩子写作业？

我带着这样的心态去陪孩子写作业，自然就会有一些行为上的偏差。

儿子在写作业的过程中，心情是压抑的，他想要逃离，我却还总想布置额外的作业给他，于是让他养成了磨蹭拖拉的习惯。

儿子升初中后，我调整了我陪伴他写作业的方式，他也变得越来越阳光，写作业也越来越高效，我看到了儿子真实的改变。

所以，在陪孩子写作业的过程中，我们只有真正地作为他的好伙伴，陪孩子融入学习的过程当中，才会让孩子发现学习之美。

同时，我发现在孩子写作业的过程当中，通过一个知识点一个知识点地练习，能让他对知识有更深入的理解，在训练的过程当中可以发现他的准确率在不断提升。当孩子犯错误的时候，父母能够给予积极的鼓励，帮助他有效地改正。

在孩子面对困难的时候，父母作为一个帮助者陪伴着他，孩子内心会充满力量。

所以，陪孩子写作业时，你的角色是一个检察官，还是一个全身心投入的好伙伴，决定了孩子写作业的质量和效率。更深刻地说，决定了孩子对学习的热情与持续度。

作业是你的还是孩子的?

开始时,我之所以成为一个检察官,而不是好伙伴,其实有一个理念在支撑着我,那就是,作业是留给孩子的,不关家长的事。

家长只需要象征性地签名,阶段性地检查孩子的学习成果就好。孩子学习不好需要老师来解决。但事实上,我发现这个理念是错误的。

当然,学习是孩子的第一要务,教孩子学习,并且让孩子能够掌握所学的知识点,这是老师最应该做的事情,也是老师的职责和本分。

但是,孩子学得怎么样,学得好不好,其实很大程度上取决于家庭教育的环境以及父母对孩子的养育方式。

"70后"和"80后"的家长都知道,我们小时候的作业都是自己完成的。

那么,为什么现在的家庭作业变成了让家长焦头烂额的负担?

我和一名小学老师聊过天，他曾经是一个农村退休的优秀小学教师，在交谈中，他透露出了关于这个问题的真相。

有的家长问他："咱们农村的孩子做作业都不需要家长来操心，那些城里的娃娃们都把家长搞得焦头烂额，你怎么看待这件事情？"老人家说："其实这跟生活环境有关系。农村里的家长忙于务农或者外出打工，根本没有时间和精力管孩子，所以对孩子的教育期望就没那么高。"

我很认可这样的观点。

作为家长，我们工作繁忙、家事繁重，生存、发展的压力等，都落在我们身上。但是对于孩子成长这一件事情，家长却不敢放松。

在社会急剧变化、科技日新月异的环境下，孩子们面对的诱惑越来越多，孩子们怎么样才能够在这样的环境之下顺利地成长，这是父母们非常头痛的问题。

当所有的重担落到了父母的头上，父母就应该改变观念，真正地意识到作业是留给孩子的，而当孩子还不能独立地、高品质地完成作业的时候，父母是负有责任的。

这个过程，就需要父母用有效的方法去帮助孩子逐步自主学习。

首先，家长要让孩子意识到作业是自己的事情，学习是自己的事情，孩子要为自己的学习负责。

同时,当孩子还不具备这个能力的时候,父母需要陪伴孩子走过这段路。

所以,陪孩子写作业的最终目的,是不陪,是培养孩子自我学习的能力。

借着写作业的过程,孩子们掌握了知识,同时也掌握了学习的能力。

孩子们在学习的过程当中能够培养扎实的记忆力、写作能力、书写能力、逻辑能力和学习的意志力,等等,这些都需要我们帮助孩子去建立,这也是一个人获得成功所必须具备的条件。

家长该如何激励孩子学习?

我先给大家讲一个故事。

在美国有一对老夫妇,他们退休之后,想过清静而又快乐的老年生活。

他们看中了一套很漂亮的房子,房子旁边有一块很大的草坪,草坪上经常有一些孩子们在嬉戏玩耍。

他们觉得人老了太孤单寂寞,如果经常有孩子在这里玩一玩、闹一闹也挺好的,所以他们决定把房子买下来。

令人没有想到的是,老夫妇住进房子以后,发现孩子们每天玩耍的吵闹声让他们根本无法过清静的退休生活!

他们得想办法,看看怎么样才能够解决这个问题。

于是夫妇俩就走到这些孩子们身边,亲切地说道:"孩子们,非常感谢你们每天都来到这里玩耍,我们觉得很开心。这样吧,我给你们每个人5元钱作为对你们的奖励。"

孩子们拿到5元钱之后特别开心,到处去跟小伙伴说:这里不但可以玩还可以有钱拿。于是,有更多的孩子来到了这里,每个人每天也都能够得到5元钱的奖励。

过了一周,老人发奖励的时候,每个人只发了1元钱。

孩子们觉得很恼火,问老夫妇:为什么上一周每天都是5元,这一周却只有1元钱?

老夫妇说:"我们的钱越来越少了,所以现在只能够付1元钱给你们,不过我们对你们非常感谢,谢谢你们经常来这里玩耍。"

就这样,这一周,每个孩子每天1元钱。这个时候,孩子们玩得已经不那么尽兴了。

到了下一周,老夫妇过来每个人只发了0.2元钱,孩子们就更加恼羞成怒了。

老夫妇解释说："我们两个人的退休工资有限，现在没有钱分给你们了。对不起，我们感谢你们每天都来这里玩。"

孩子们恼怒之下就离开了老夫妇家的草坪，从此这个草坪就安静了。

老夫妇用这样的方式解决了难题。

大家听懂这个故事了吗？

其实，玩耍本身是孩子们的天性，在玩耍和游戏当中，孩子们所得到的内在的喜悦和快乐是无法衡量的。

可是，当有了外部环境的参与，有了5元钱、1元钱再到0.2元钱奖励的时候，孩子们就发现，他们的玩耍是可以用金钱来衡量的，如果没有得到足够的钱，他们就玩得不开心。

所以，这就是奖励机制内在的秘密。

我知道在很多家庭中，父母为了诱惑孩子们好好学习，经常拿外在的物质来奖励孩子。

比如，孩子听话就给他买玩具；孩子作业做得又快又好，孩子考试考了第1名，就可以得到什么奖励。平时不能吃的、不能做的、不能玩的，通通都可以通过表现好了之后得到。

外部奖励可以一定程度上刺激一个人的行为，但事实上，真正需要解决的是孩子们内在的行为激励机制。

当一个孩子能够在学习中感受到乐趣，比如解决一道难题之后的快感，比如在小伙伴当中考第1名之后的荣誉感，其实是任何外部奖励都无法比拟的。

当一个孩子到12岁时，他就需要开始去探索自己的人生定位：我这一辈子来到这个世界要做什么？我是谁？

所以，如果父母不能有效地驱动孩子的内在动力，这个孩子到了青春期就会非常危险。

因为孩子内在的核心价值观还是飘忽不定的，他没有找到自己真正的身份定位和生命意义，或者说使命感，这时他就会被外界的环境和物质条件所牵绊，并影响他学习的内在动力。

所以在激励机制这件事上我们需要十分注意。孩子小的时候，我们可以用一些小玩具、小礼物来诱导孩子，让他增加对学习这件事情的兴趣。

同时，我们也需要从外部的引导，逐渐变成对孩子内在力量的激发，让他体验到学习之后所带来的自我成就感和愉悦感。

外部的奖励，它的作用充其量只占20%，而内在的驱动力和成就感则占了80%，父母只有掌握了这个真理才能够有效地激励孩子。

我女儿在期末考试之后，很担心自己是否三科都能考

100分。我看到她这么担心，就告诉她："孩子，为了鼓励你这半年来的学习和努力，妈妈决定奖励你一个礼物，这个礼物可以你自己来选。"

并且我明确地告诉她："妈妈不是为了奖励你考第1名才给的，而是奖励你学习的过程。"

女儿非常开心，她不但得到了礼物，而且也感受到了父母对她无条件的接纳和爱，不管考不考第1名，妈妈都发了这个奖品。

女儿感受到的是你对她的关爱、对她努力的认可，以及对她的鼓励。

所以，尽管外在的礼物她也得到了，但更多的是她感受到一种内在的欢快，包括她考了第1名之后得到的奖状、老师和同学们的称赞。

当然，作为父母，我们要平衡好物质奖励与内在激励之间的联系。我们生活在物质社会，有一些外部奖励是需要的，这也是表达爱的一种方式，但更重要的是内在的激励。

让孩子去体验学习之美，去体验成就感，去体验价值感，这才是最重要的。

怎样为孩子选择辅导班?

帮孩子选择辅导班是很多父母头疼的事。

当孩子成绩不好的时候,父母常常会选择给孩子更多的学习机会,首选就是给孩子报辅导班。这是许多家长的惯性思维。

在这条路上,我自己其实也走过弯路。

我是东北农村长大的孩子,农村的教学质量比较差。

我的小学老师是中学水平,我的中学老师是高中文凭。所以,在我的学生时代,我都是靠着自己死磕来完成的学业。

当年的我是怎么学习的呢?

我抱着仅有的一两本参考书死磕,不会的地方就看答案,看答案都看不懂的就把书带到学校,和老师一起研究,直到自己学会。

我深切地感受到当年教学资源的匮乏。

当我自己做了母亲之后,我一直在为我的孩子找最好的教育机构、最好的老师和最有名的学校。

那么，怎么给孩子选择辅导班呢？

现在的辅导班，就像是女人去商场里买的衣服，应接不暇、层出不穷的。我们不可能把所有的衣服都搬回家里，同样的，我们也不可能把什么样的辅导班都给孩子报上。

最根本的原因是，你花得起学费，孩子却没有时间。

所以，选择辅导班的要点就是，如何在最短的时间内以最高效的方式帮助孩子克服学业的障碍，提升他学习的能力。因此，我们的专注点不能一直是辅导班，而要专注于孩子本身。

孩子的学习动力怎么样，学习主动性怎么样？孩子的学习基础如何？了解了这些，再来帮助孩子选择合适的辅导班，这才是最正确的。

比如，如果一个孩子，他的考试成绩在60分左右，说明他的基本功是不过关的，其实不需要找任何的辅导班，他只需要在课堂内能够认真听讲，并且能够听得懂，可以把作业都做好，他的成绩就会明显上升。

如果他听课时听不懂，就需要为他找一个专门的老师，帮他做1对1的讲解，增加孩子的知识量。

如果一个孩子在课堂上不认真听讲，那么即使你找再好的辅导班、再优秀的老师，也不会有任何效果，只会让你得不偿失。

所以，家长不要人云亦云，从众心理，看到别人给孩子报了什么班，自己也要去报。

家长一定要给孩子做一个诊断，看看孩子处于什么阶段，是基础偏弱，还是需要优化学习习惯，或者是需要进一步的培优。

不同的层次，需要有不同的选择。

如何正确对待青春期的孩子？

我在工作中也时常接触青春期孩子的教育问题，但是，只有自己的孩子进入了青春期，我才真正地体验到了养育青春期孩子的艰难，才真正明白该如何对待青春期的孩子。

我的儿子刚刚读完初中一年级，这一年，他完全适应了小学到初中的转变。而在这个过程当中，我发现儿子其实已经长大了，不像他小的时候那么听话了。

青春期是最不稳定的时期，青春期的孩子需要面临生理和心理上的急速变化。与此同时,青春期的孩子在学业上的压力也是最大的。

孩子们没有太多的时间进行自我探索,他们需要把主要精力都放到学习上。这会使他们产生大量的纠结和困惑,让孩子们无所适从。

如果父母再不懂得如何引导孩子、帮助孩子的话,那么他们可能会出现这样或那样的问题。

有一位儿童教育专家曾说过:如果你发现你的孩子,他在十五六岁的时候成绩被落下了,其实他在五六岁的时候就已经被落下了,只是你没有发现而已。

有些父母在养育青春期孩子时,往往只有在发现孩子的学业遇到了很大的困难,或是在行为上有了很大的偏差时,才会关注孩子,否则还以为孩子就像是野草,不管也能茁壮成长。

可是,当青春期孩子出现问题的时候,已经不是一朝一夕就能够解决的了。正所谓"冰冻三尺非一日之寒",问题不是一天形成的,而解决问题也不可能立竿见影。

中学阶段,也许就能预告你的孩子未来会选择怎样的大学,会走什么样的人生道路。

很多父母都是从这个时候才开始关注孩子学业的,但是,当他们突然发现,孩子并没有那么懂事、自律,也没有找到清晰的人生方向，甚至还有一些偏差行为的时候，他们就开始着急，试图用以暴制暴，或不停说教的方式来解决问题。

其实，这些方式都是不对的。根据儿童发展理论，青春期孩子最重要的成长任务就是认识"我是谁"。

比如在这个社会上，我要做一个什么样的人？我秉持的核心价值观是什么？我未来可能会从事什么样的行业？我将成为这个人群当中的哪一个阶层？

这都是青春期的孩子需要探索的问题。

然而父母们却经常把焦点放在"今天的作业做完了吗？考试考了多少分？排名如何？老师最近有没有批评你？你的成绩能够考一个什么样的高中或者大学？"这些琐碎的问题上。

其实，如果孩子内在的身份确认都还没有明确的话，那么他的学习也只能是机械和被动的。孩子无法做到真正的自我探索，也无法做到为了未来有准备地去努力。

青春期孩子的身体激素是在急速变化的，情绪化也比较严重。他们爱睡懒觉，爱听流行音乐，情绪容易被激怒，他们不再像小的时候那样，是父母眼中的乖孩子。

哪怕是平时再听话的孩子，到了青春期，也会跟父母顶嘴、冷战等，用这样的方式来对抗父母。

如果父母没有为孩子提供非常清晰的、系统性的价值观引导，并且没有身体力行，给孩子树立人格榜样的话，那么孩子就会否定父母的价值观，会觉得父母的管教都是多余的。孩子会厌恶、会反感，甚至会把父母拒之门外，

青春期的孩子在生理上可以长得跟成年人一样高大，但其实他的心智还很不成熟。所以，在人生重要决定上，孩子还需要跟父母一起去探讨，听从父母的建议。

但如果父母以前做得不够好，太过于纵容孩子或者是过于专制的话，那么孩子就不愿意和父母一起探讨问题。

这个时候，父母就要反思自己，过去的教育方式是否出现了问题，需要怎么做。

父母只有跟孩子站在平等的位置上，走进他的内心世界，才能在保证父母权威的同时，让孩子说出心里话。

父母要成为孩子的朋友，要接纳孩子的社交，接纳他在行为上跟父母不一样的地方。父母越包容孩子，就越容易让孩子说出自己真实的想法和感受，父母的教育方法才能发挥作用。

只有到这个时候父母才会发现，找到孩子出现问题的真正原因之后，学习成绩的问题其实都不是问题了。

孩子的未来是有无限潜能的，如果父母不对孩子做任何的引导，帮助他一步步去开发自己的潜能，并且把它发展成

为自己独特的优势，那么这种可能将永远成为泡影。

我们需要放下对孩子成绩的焦虑，多看看孩子的内心世界，问问他想成为什么样的人，他成长的烦恼是什么，他需要解决什么人生命题。作为成年人，我们要用自己的智慧帮助他一起解决。

中国有句古话，叫"龙生龙，凤生凤，老鼠的孩子会打洞"。很多时候，父母是什么水平，思考是什么境界，其实也决定了孩子未来人生大致的方向和轨迹。

所以，不要去羡慕别人家的孩子，而是要真正脚踏实地地看看自己的孩子，你能为孩子做些什么？

如何让孩子学会自主学习？

很多父母都希望自己的孩子能够拥有独立自主的学习能力，拥有很强的自我内在动力和驱动系统。

但自主学习其实是一条漫长的路，并非孩子天生就能独立完成的。

作为父母，我们常常带着旧有的信念在寻找新的地图。

我们小的时候自力更生的能力比较强，是因为那个年代的物质比较匮乏，所以我们都早早懂事，很多人甚至在初中毕业后就开始外出打工，开始补贴家用了。

然而，为什么现在的孩子在学习上却需要老师和家长的威逼利诱，在做其他事情上也缺乏责任心呢？

其实，在人类发展的方向上，人类所有的活动都趋向于两个方向，一个方向是趋向快乐，另一个方向是逃避痛苦。

20世纪80年代以前的人要解决的是吃饱肚子、穿暖衣裳的基本生存保障，然后再来考虑怎么样养家糊口，最后再考虑怎么去发展事业。

而现在的孩子们，他们生下来之后就没有体会过饥寒的苦，他们希望能够过上自由的、平等的生活，能够去找到生命的意义和价值。

我周围有很多朋友，他们来自穷乡僻壤，他们曾是"211""985"名校毕业的高才生，毕业后，他们成了优秀的工程师。

但我发现，他们进入工作领域之后基本不再读书学习，因为他们内心对学习是厌恶的，当年他们之所以如此努力学习考上名校，就是因为他们希望逃避痛苦，他们希望离开穷苦的家乡，过上富足的生活。

所以，从这点来看，逃避痛苦的力量虽大但不持久，一旦痛苦不在了，人就不再向前奔跑了。然而趋向快乐的力量却是持续的。

从古到今，我们看到那些伟大的人物、各个领域的精英，都在持续追求着自己喜欢的事业，即便是商人也并不只是为了钱而工作，还为了一种责任感、使命感和自我价值的实现。

有人曾经问过爱迪生："你在发明电灯泡的过程当中失败了1000多次，你是怎么看待这1000多次失败的？"

爱迪生回答说："我不认为这是失败了1000多次，我只是证明了1000多种材料不适合做灯芯而已。"

爱迪生在发明电灯泡的过程当中，把发明电灯泡的事情当成了他探索的一个过程，他是带着兴趣完成的，所以失败对他来说并不是我们所认为的，如此让人痛苦。

所以，想让孩子成为自主学习者，开启自主学习的旅程，我们就要去转变孩子的学习动力，将外在的压力转变成内在的动力，由逃避痛苦转变成趋向快乐。

如何在学习当中去感受快乐呢？

学习的过程是苦的，但是拿到学习成果的那一刻是甜的。针对不同年龄段的孩子，我们要用不同的方式去找到孩子快乐的那个引爆点。

0—6岁阶段的小孩子，他们是用感官来接触这个世界的，整个世界都是他的教室，父母只要能够保护孩子的天性，积极地引导他的兴趣，和他一起体验，就能让孩子感受到学习的快乐。

在小学阶段，孩子的学业繁重了，作业也变多了。但如果父母能够做一个陪伴者而不是简单的监督者，那么孩子也能够在学习当中体验到父母陪伴所带来的快乐。

很多孩子提起学习就恐惧，他们觉得学习等于恐惧，等于害怕，等于无奈和无趣。但是对于快乐的孩子，他们觉得学习等于爸爸妈妈无条件的爱。

我用奖励作为对女儿努力的认可，其实就是希望女儿能够快乐学习。

让孩子感受到父母对他无条件的爱和接纳，让他更有动力去学习。哪怕孩子在行为上已经足够糟糕，让父母觉得无可奈何，但在孩子的内心深处，他们也会希望自己做得更好，希望得到父母的认可。

当父母长期用批评和指责的方式对待孩子时，孩子就会有挫败感，就不会再积极地表现，反而会产生权力争夺、报复等行为，这都是养育不当带来的结果，而不是孩子的本意。

对于孩子来说，父母的陪伴是非常重要的，而在陪伴的过程当中给予足够的肯定和鼓励也是必要的。

有人说，两万次的肯定和鼓励才能建立起孩子真正的自信。一个孩子有了足够的自信，他才能够找到学习的乐趣。

而对于青春期的孩子，则是要让他找到自己人生的方向，因为他已经开始思考和策划未来了，这时候，父母就需要帮助孩子一起探索未来的人生，帮助他思考未来要成为什么样的人，需要怎么做。

孩子目标明确了，有了行动计划，他就会开始自主学习。但是，要走上这条路，还需要父母陪伴孩子十几年的光阴，去帮助孩子体验学习之美，发现学习的乐趣。

如果父母骨子里觉得学习是任务，是无趣甚至无用的，那么孩子的心理也将受到影响。

孩子就是家庭里的一面放大镜，父母身上的卓越和优秀会在孩子身上放大，父母身上的缺陷和不足也将在孩子身上放大。所以，你想成为怎么样的父母，决定了你会养育什么样的孩子。

关于自主学习的话题，其实还有很多内容在我的课程中，另外，我的另一本书《激发孩子自主学习力》中也将会进一步地阐述，欢迎朋友们继续关注。